휴먼 2.0

인류를 위한 최고의 혁명, 생체 공학

나의 아버지, 프랭크! 고맙습니다.
저널리즘, 글쓰기, 그리고 어려운 문제의 답을 찾는 자세 등을 모두 당신께 배웠습니다.
나의 어머니, 에마! 누구보다 긍정적이고 강인한 분으로 제 곁에 계셔서 고맙습니다.
그리고 나의 양아버지 이안! 신문에 실린 생체 공학 팔 광고를 알아봐 주셨지요.
당신이 이 여정을 시작하셨어요. 언제까지나 감사한 마음 간직하겠습니다.
이 책을 가족과 친구들에게 드립니다. 그분들 덕분에 언제나 나 자신으로 살아갈 수 있었고,
수많은 가능성이 열려 있다고 믿게 되었습니다.

_패트릭 케인

나의 아내 홍 부와 나의 딸 디카이 다와,
나에게 아름다운 삶을 선물한 두 사람에게

_새뮤얼 로드리게스

HUMAN 2.0 : A CELEBRATION OF HUMAN BIONICS

Text copyright © Patrick Kane
Illustrations copyright © Samuel Rodriguez
First published in 2023 in the UK by Big Picture Press.
Copyright © Bonnier Books UK Ltd., 2023
Korean edition copyright © Lime Co., Ltd., 2025
All rights reserved.

This Korean edition is published by arrangement with Big Picture Press,
an imprint of Bonnier Books UK Ltd. through Shinwon Agency Co., Seoul.

이 책의 한국어판 저작권은 신원에이전시를 통해
Bonnier Books UK Ltd.와의 독점 계약으로 (주)라임에 있습니다.
저작권법에 의해 한국 내에서 보호를 받는 저작물이므로 무단 전재와 무단 복제를 금합니다.

휴먼 2.0
인류를 위한 최고의 혁명, 생체 공학

정재승 감수 · 패트릭 케인 글 · 새뮤얼 로드리게스 그림 · 김선영 옮김

라임

차례

추천의 말 _정재승(KAIST 뇌인지과학과 교수) ◆ 6
추천의 말 _휴 허(MIT 미디어랩 교수) ◆ 9
들어가는 말 _패트릭 케인 ◆ 13

이집트 귀족 여성의 인공 발가락 ◆ 17
상어 피부에서 영감을 받아 수영복을? ◆ 20
우리 몸을 대신하는 장치들 ◆ 22
갈바니의 개구리 실험에서 3D 프린팅 기술까지 ◆ 24
26개의 심박동기를 단 남자, 아르네 라르손 ◆ 28
심장을 뛰게 만드는 비밀 병기, 심박동기 ◆ 32
최초의 안경은 언제 생겨났을까? ◆ 36
가짜 눈을 붙이던 시절이 있었다고? ◆ 41
뇌로 소리를 듣는다, 인공 와우 ◆ 47
생체 공학형 팔다리가 움직이는 방법 ◆ 50
손을 대신하는 의수, 오백 년의 역사 ◆ 53
에든버러 모듈러 팔 시스템 ◆ 57

이제는 컴퓨터로 움직인다, 의족의 역사 ◆ 61

새로운 돌파구, 전동형 외골격 슈트 ◆ 65

뇌하고 직접 소통하다, 뇌 임플란트 ◆ 69

불가능한 것을 가능하게, 리워크 외골격 슈트 ◆ 73

다 함께 달리자, 패럴림픽 ◆ 77

실패할수록 더 강해진다, 리처드 화이트헤드 ◆ 81

사이보그끼리의 대결, 사이배슬론 ◆ 85

비장애인 선수들과 겨루다, 블레이크 리퍼 ◆ 89

생체 공학 그 너머, 인간에 대한 고민 ◆ 93

이제는 우리 몸속으로, 이식형 전자 칩 ◆ 97

우리 모두 사이보그가 되는 시대 ◆ 101

MIT 휴 허 교수가 그리는 슈퍼 휴먼 ◆ 103

닐 하비슨의 사이보그 아트 ◆ 106

인간보다 빠르고 강하고 똑똑한 휴먼 2.0이 나타난다면? ◆ 110

생체 공학 연대표 ◆ 114

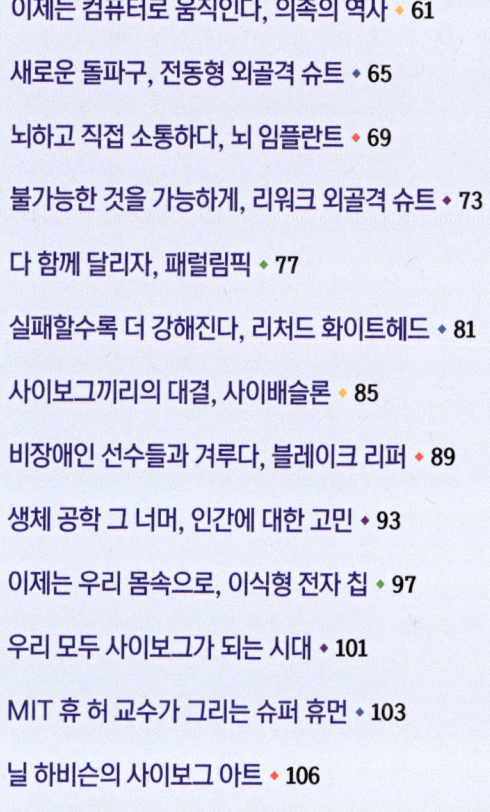

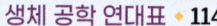

과학의 언어로
인간의 존엄을 이야기하다

　패트릭 케인의 《휴먼 2.0》은 인간의 몸을 다시 발명하려는 '과학'과 상처를 기술로 꿰매는 '공학'을 어린이와 청소년 눈높이에서 쉽고도 생생하게 펼쳐 보이는 책입니다. 이 책은 단순히 의수나 의족, 인공 장기 같은 생체 공학적 발명의 역사를 나열하지 않습니다.

　그보다 더 깊이 들어가, 인간이 왜 자신을 고치고 확장하려는 존재인지, 그리고 그 과정에서 생명 공학이 어떻게 '인간다움'을 다시 묻게 되는지를 다정하게 들려줍니다. 뇌공학자로서, 이처럼 어린이와 청소년이 흥미롭게 읽을 수 있는 생체 공학 입문서의 출간이 더없이 반갑습니다.

이 책의 매력은 어려운 개념을 흥미로운 이야기와 그림으로 풀어내는 힘에 있어요. 3,500년 전 인공 발가락에서 시작해, 21세기의 뇌 임플란트와 사이보그 아티스트 닐 하비슨에 이르기까지, 이 여정은 과학의 역사이자 인간의 상상력에 대한 찬가입니다. 특히 작가가 어린 시절 의수를 착용하며 체험한 '몸의 회복과 재발명' 이야기를 통해 생체 공학이 단지 기술이 아니라 도전과 창의성의 결과물임을 보여 줍니다.

무엇보다 《휴먼 2.0》은 과학이 인간의 결함을 메우는 도구에 그치지 않고, 인간의 가능성을 확장하는 철학이 될 수 있음을 일깨웁니다. 이 책을 통해 아이들은 '기계가 사람을 닮아 가는 세상'이 아니라, '사람이 기술을 통해 더 인간다워지는 미래'를 상상하게 될 것입니다. 기술의 진보를 경이로움과 책임감으로 바라보게 만드는 이 책을 통해 어린이와 청소년들이 과학의 언어로 인간의 존엄을 이야기하는 따뜻한 생체 공학을 더 깊이 이해하기를 바랍니다.

KAIST 뇌인지과학과 교수
정재승

사람 + 과학 기술 + 로봇으로 새로운 시대를 열다

1982년, 나는 산악 등반 사고로 심한 동상에 걸렸어요. 너무도 끔찍한 통증에 시달리던 끝에 두 다리를 무릎 아래에서 절단해야 했습니다.

하지만 사고 후에도 나는 산악 등반을 포기하지 않았어요. 사고 이전보다 더 높이까지 오를 수 있게 도와줄 특수 의족을 개발했거든요. 의족의 단단한 발가락들 덕에 동전만큼 조그만 돌에도 너끈히 설 수 있게 되었고, 티타늄 스파이크 덕에 수직 빙벽을 오를 수도 있게 되었지요.

나는 이 경험으로 과학 기술이 잃어버린 신체를 되찾아 주는 데에서 한발 더 나아가, 사람의 잠재력을 타고난 것 이상

으로 끌어올릴 수 있다는 사실을 깨달았습니다. 바로 내가 그랬으니까요. 그걸 깨닫고 나자 생체 공학 분야에 몸담아야겠다는 결심이 섰습니다. 원하지 않은 제약으로 고통받고 있는 사람들의 삶이 더 나아질 수 있도록 돕고 싶었거든요.

지금 나는 미국 매사추세츠 공과 대학교(MIT)의 교수로 재직하고 있어요. 학교에서 K. 리사 양 생체 공학 연구소를 공동으로 이끌고 있습니다. 우리 연구소는 지난날 수동적 보조 기구였던 인공 보철물(의안, 의수, 의족 등 손실된 신체 부위에 끼거나 덧대는 대용물—옮긴이)을 뇌로 조종하는 미래의 로봇형 장비로 변화시키고 있습니다.

가장 발전된 기술인 양방향 소통 시스템은 나와 같은 사람들이 의족을 생각으로 움직일 뿐 아니라 감각까지 느끼게 하는 기술입니다. 의족이 어딘가에 닿거나 어딘가로 움직일 때의 감각을 고스란히 느끼게 되는 거지요. 이른바 인공 보철물을 자신의 신체처럼 느끼는 거예요.

그렇게 되면 무엇이 생물학적 기관이고, 또 무엇이 아닌지, 다시 말하면 누가 인간이고, 또 누가 아닌지 그 경계가 모호해집니다. 이것이 바로 휴먼 2.0의 시대입니다.

패트릭 케인이 쓴 《휴먼 2.0》은 이 새로운 시대의 역사를 연대순으로 기록하고 있습니다. 과학 기술의 발달과 함께하는 신체 변화의 여정을 아주 생생하게 보여 주고 있지요.

그동안 생체 공학 기술은 사람의 능력을 끊임없이 끌어올렸습니다. 그 기술은 사람의 신체를 고정된 무언가가 아니라 유연하게 변화할 수 있는 매개체로, 즉 자유자재로 바꿀 수 있는 무언가로 바라보며 미래로 나아가고 있어요. 원하지 않은 제약으로 고통받는 사람이 없는 미래, 자신의 신체와 사고의 가능성을 자유롭게 선택할 수 있는 미래로 말이지요.

《휴먼 2.0》은 그 과정을 꼼꼼하게 탐색하여 잘 담아내고 있습니다. 그렇기에 이 책이 다음 세대의 어린 과학자들과 혁신가들, 그리고 최신 과학 기술 분야 전문가들에게 많은 정보와 영감을 줄 것이라 믿습니다. 쉼 없이 새로운 기술에 적응해 가는 우리 신체의 다채로운 이야기를 그들이 이어 갈 수 있도록 지렛대 역할을 해 줄 거예요.

미국 매사추세츠 공과 대학교 미디어랩 교수
& 바이오메카트로닉스 연구소장

휴 허

SF 영화의 한 장면 아니냐고요?

　이런 세상을 상상해 보세요. 생체 공학형 팔다리와 심박동기가 조율하는 심장, 카메라가 눈을 대신하는 사람들이 사는 세상을요. 그 세상에는 색깔을 귀로 듣고 치아로 소통하는 사이보그들이 있어요. 마라톤을 완주하기 위해 로봇 외골격을 착용한 사람들도 있고요.

　그리고 어린이들이 바깥귀로 아무렇지도 않게 소리를 듣고, 다리가 없이 태어난 사람들이 금속과 탄소 섬유로 만든 의족을 착용해 자유로이 걷습니다. 몸에 심어 둔 칩으로 건물의 출입문을 통과한 뒤 카페에서 여유롭게 커피를 사는 사람들도 있지요.

이렇듯 그 세계에는 과학 기술을 활용해서 놀라운 일을 해내는 사람들이 아주아주 많아요……. 그중에서도 가장 놀라운 사실이 있습니다. 그 세계가 바로, 지금 우리가 살아가고 있는 세상이라는 것!

과학 기술이 사람들의 삶을 완전히 바꾸고 있습니다. 우리가 쓰는 스마트폰이니 태블릿 PC뿐만이 아니에요. 최근 들어 사람들에게, 특히 신체에 장애가 있는 사람들에게 빠르게 진보해 가고 있는 과학 기술은 이미 공상의 영역을 넘어 가능성의 단계에 다다랐거든요.

생체 공학 기술은 평소에 딱히 실감하지 못할 뿐 우리 곁으로 바짝 다가와 있습니다. 그것도 바로 우리 눈앞에요. 더 이상 SF 영화 속의 한 장면이 아니에요. 어느새 우리 삶 속으로 성큼 들어와 새로운 미래를 그리고 있으니까요.

이 책은 아주 정교한 생체 공학형 의수에서 뇌 임플란트까지, 생체를 모방한 장치들을 차근차근 탐험해 나갑니다. 지금까지 이루어 온 획기적 발명과 도약의 순간들도 소개하고요. 곧 실현될 가슴 뛰는 발명들을 예측하고, 그 발명들이 하나의 생물종으로서 우리에게 어떤 의미를 지닐지에 대해 고민하는 시간도 갖습니다.

　미래를 향한 우리의 여정은 이미 출발했습니다. 이제 휴먼 2.0을 제대로 알아 갈 시간입니다. 무엇을 상상하든 그 이상의 놀라운 경험을 하게 될 거예요.

　자, 마음의 준비가 되었나요? 출발합시다!

패트릭 케인

이집트 귀족 여성의 인공 발가락

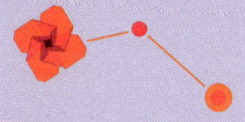

사람이 지구에 살기 시작하면서 팔다리 없이 태어나거나 팔다리를 잃는 일은 흔하게 있었어요. 그래서 우리는 선천적 장애로 잃었든 살다가 사고로 잃었든, 잃어버린 팔과 다리, 손과 발을 대체할 수단을 찾아서 온갖 노력을 기울여 왔지요.

맨 처음 만들어진 인공 보철물은 그때로서는 분명 획기적인 발명품이었을 거예요. 하지만 착용감이 매우 나빴어요. 그것을 착용하고서 많은 일을 할 수 있게 만들기에는 아직 기술이 턱없이 부족했거든요. 그렇긴 해도 지금의 보철물과 비교했을 때 비슷한 면이 상당히 있답니다.

지금까지 알려진 최초의 인공 보철물은 무엇일까요? 약

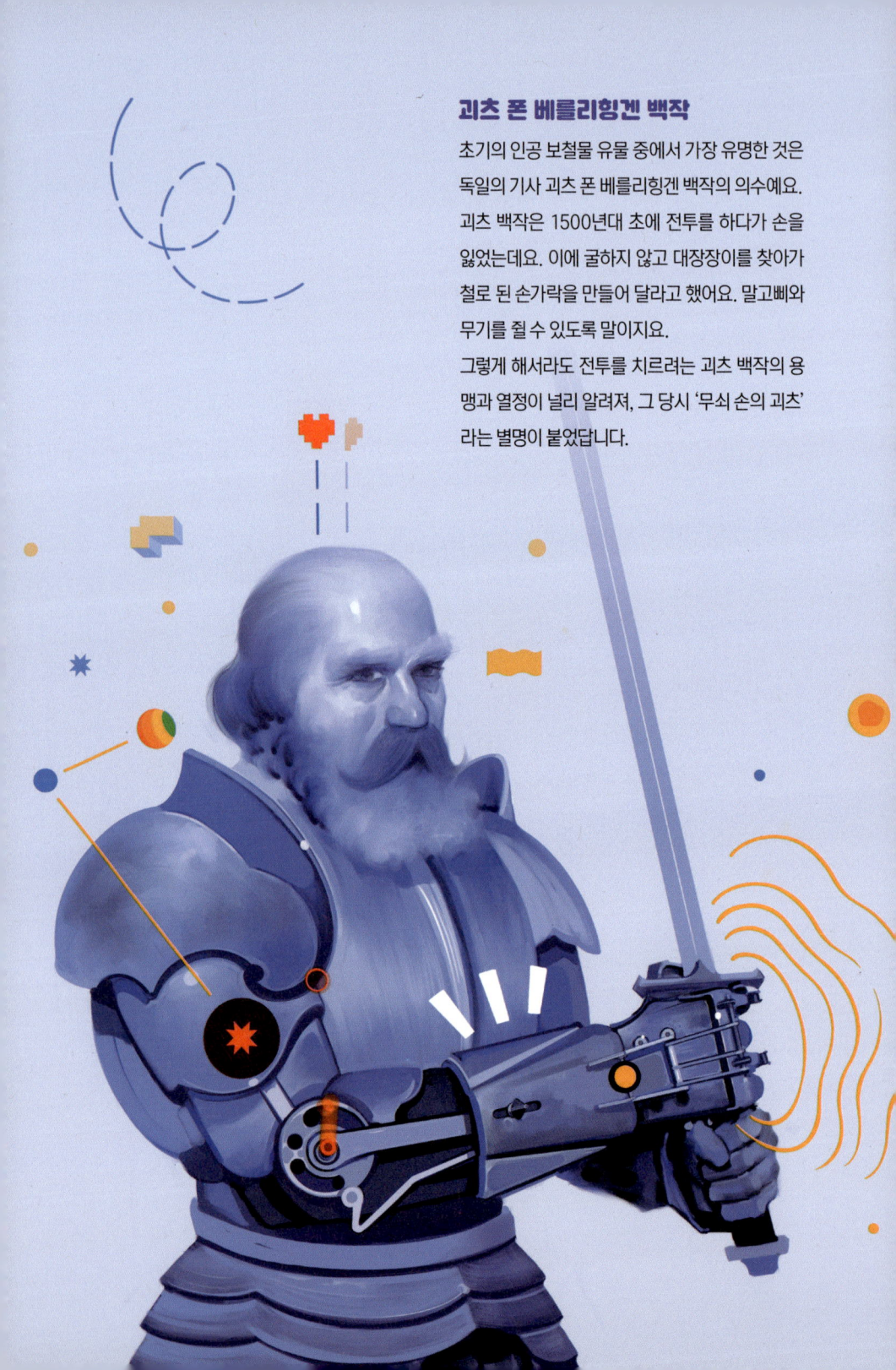

괴츠 폰 베를리힝겐 백작

초기의 인공 보철물 유물 중에서 가장 유명한 것은 독일의 기사 괴츠 폰 베를리힝겐 백작의 의수예요. 괴츠 백작은 1500년대 초에 전투를 하다가 손을 잃었는데요. 이에 굴하지 않고 대장장이를 찾아가 철로 된 손가락을 만들어 달라고 했어요. 말고삐와 무기를 쥘 수 있도록 말이지요.

그렇게 해서라도 전투를 치르려는 괴츠 백작의 용맹과 열정이 널리 알려져, 그 당시 '무쇠 손의 괴츠'라는 별명이 붙었답니다.

3,500년 전에 이집트 귀족 여성이 사용했던 인공 발가락이에요. 오른쪽 엄지발가락을 대체하기 위해 나무를 깎아 만든 것인데요. 진짜처럼 보이기 위해 발톱의 굴곡까지 섬세하게 조각했어요.

아마도 발에다 끈으로 묶어서 썼을 거라고 짐작해요. 연구자들은 이 발가락이 몸의 균형을 잡는 데 큰 역할을 했으리라고 추측한답니다.

그렇다면 인공 보철물이 적힌 최초의 기록은 언제일까요? 대략 서기 77년으로 거슬러 올라가요.

로마의 장군 마르쿠스 세르주스가 착용했던 철로 된 의수가 처음으로 언급되어 있있거든요. 그 당시에 손꼽히는 명장이었던 세르주스 장군은 특히나 전장에서 용감하기로 명성이 무척 높다고 해요.

그런데 두 번의 전투에서 스물세 군데나 다치면서 안타깝게도 오른손을 잃고 말았지요. 이때의 의수는 팔에 묶어서 사용했는데요. 어쨌거나 이 의수 덕분에 세르주스 장군은 훗날에 치른 전투에서 당당히 방패를 들 수 있었을 거예요.

상어 피부에서 영감을 받아 수영복을?

생체 공학이란, 살아 있는 생물체의 기능을 인공으로 만든 장치에 옮기는 기술을 말합니다. 바이오닉(Bionic, 생체 공학)이라는 단어 자체가 생명을 뜻하는 그리스어 '바이오스(Bios)'와 전자 공학 및 기술을 뜻하는 '일렉트로닉스(Electronics)'가 결합한 단어거든요.

미국의 의사이자 공군 대령이던 잭 E. 스틸이 1950년대에 처음 이 말을 만들었지요. 스틸보다 앞서 미국의 생물 물리학자 오토 슈미트는 생체에서 얻은 아이디어를 기술로 옮긴다는 의미의 '생체 모방 기술' 개념을 발전시켰고요.

1960년에 스틸은 대규모 강연을 열고 연구자들을 모아서 자연의 사례를 관찰한 다음 새로운 기술을 창조하는 법에 대해 토론을 했어요. 그때 강연 제목이 〈어떻게 거기에 도달할 것인가?〉였답니다.

스틸의 이 연구 주제는 지금 '생체 모방학'으로 더 잘 알려져 있지요. 상어 피부 조직에서 영감을 받은 유체 역학 수영복, 동물의 털에 가시가 많은 식물 씨앗이 달라붙는 방식을 본떠서 만든 벨크로® 찍찍이, 창공을 가르는 새들의 모습을 관찰하여 설계한 비행기 등이 생체 모방학의 혁신적인 기술 사례예요.

스틸의 강연에서 나온 '생체 공학(바이오닉)'이라는 말은 1972년에 마틴 카이딘이 출간한 소설 《사이보그》에서 사용되었어요. 그 후로 '생체 공학'은 인공 보철물을 설명할 때 자주 쓰였는데요. 이제는 우리 문화의 일부로 자리 잡았다고 해도 과언이 아닐 만큼 친숙하지요.

우리 몸을 대신하는 장치들

인공 보철물은 몸 안에 있을 수도 있고 몸 밖에 있을 수도 있어요. 어디에서 어떻게 우리 몸을 대신하느냐에 따라 두 가지로 나뉘어요.

'생체 공학형 팔다리'는 공학 기술을 이용해서 인공적으로 만든 팔과 다리예요. 말 그대로 사람의 팔이나 다리의 역할을 하는 거지요. 줄이나 벨트, 소켓으로 몸에 연결하기 때문에 빼거나 착용하기가 쉬워요.

이것 말고 수술로 몸 안에 이식하는 장치도 있어요. 그건 이식형 장치라고 해요. 이식형 장치는 착용한 사람이 직접 뺄 수가 없어요. 그래서 대부분은 몸 안에 영구히 지니게 하지요. 생체 공학형 팔다리든 이식형 장치든, 충전해야 하는 배터리가 있으면 '액티브'형이에요. 충전할 필요가 없다면 '패시브'형이고요. 이식형 장치 중에 인공 와우는 배터리가 꼭 있어야 해요. 대신 인공 와우에 연결된 전선으로 몸 밖에서 충전하기 때문에 배터리가 닳을 때마다 수술을 하지는 않아요.

갈바니의 개구리 실험에서 3D 프린팅 기술까지

우리 몸속에서 이식형 장치가 안전하게 작동하려면 첨단 과학 기술이 필요해요. 이식형 장치는 1950년대에 들어서서야 쓰였는데요.

1958년에 처음으로 인공 심박동기를 성공적으로 이식한 것이 그 시작이에요. 그 뒤로 과학과 공학이 꾸준히 발전하면서 다양한 장치들이 폭넓게 개발되었지요.

요즘 잘사는 나라에서는 국민의 6%가 이식형 장치를 사용한다고 해요. 이는 삶의 질을 높이고 수명을 늘리는 데 아주 큰 역할을 하고 있지요.

이식형 장치는 비교적 최근에 쓰이기 시작했지만, 그 속에

숨어 있는 과학은 이미 수백 년 전부터 알려져 있었어요.

혹시 이탈리아 과학자 루이자 갈바니를 알고 있나요? 생물 전기를 발견한 업적으로 유명한 사람이지요.

갈바니는 볼로냐 대학교에서 의학을 공부했는데요. 1786년에 아내와 함께 개구리 해부 실험을 하다가 놀라운 발견을 했어요. 번개가 칠 때 가위로 개구리의 다리를 살짝 건드렸더니……. 세상에, 다리를 움찔하더라는 거예요.

두 사람은 이 관찰을 토대로, 동물의 근육을 움직이는 것은 전기라는 이론을 내놓았지요. 갈바니는 이 전기가 동물의 근육이 원래 가지고 있던 전기라고 생각했지만, 그 생각은 훗날 볼타에 의해 틀린 것으로 밝혀졌어요. 그렇지만 갈바니의 발견은 볼타 전지를 개발하는 데 큰 자극이 되었답니다.

갈바니의 이 '동물 전기학'은 오늘날 전기 생물학으로 불리고 있어요. 전기 생물학의 토대가 된 셈이에요. 공학자들은 지금 이 전기 생물학을 이용해서 사람의 생물학적 작용과 기능을 본뜬 이식형 장치를 만들고 있거든요.

초창기의 인공 심박동기와 인공 와우에는 환자의 생체 정보를 의료진에게 전달할 수 있게 전선이 달려 있었어요. 주기적으로 바꿔야 하는 배터리도 붙어 있었고요.

　요즘은 어떠냐고요? 최신 심박동기는 배터리가 길게는 10년이나 가요. 블루투스® 기술 등을 이용해서 전선 없이 생체 정보를 공유하고요.

　이런 장치를 이식받은 사람들은 이제 컴퓨터나 스마트폰으로 자신의 건강 상태를 추적하고 관찰할 수 있어요. 몸이 평소와 다른 신호를 보낼 때는 미리 주의 경고를 받을 수 있고요.

　요즘 3D 프린팅 기술이 많은 관심을 받고 있지요? 이 3D 프린팅 기술 역시 이식형 의료 장치 분야에 혁명을 일으키고 있는 기술이에요. 3D 프린팅 기술을 이용하면 자신에게 꼭 맞는 맞춤형 장치를 만들 수 있거든요.

　이런 맞춤형 제작 방식은 골반, 무릎, 척추용 장치 등의 생산에 점점 더 많이 쓰이고 있어요.

✷ 26개의 심박동기를 단 남자, 아르네 라르손

 × 27

    1958년, 스웨덴의 엔지니어 아르네 라르손은 바이러스에 감염되었어요. 심장 주위에서 전기 신호를 조정하는 세포들을 공격하는 바이러스였지요. 그래서 심방과 심실 사이의 전기 신호가 완전히 끊어져 버렸답니다.

    그건 라르손의 심장이 규칙적으로, 그리고 필요한 만큼 세게 수축하지 못한다는 뜻이에요. 언제든 정신을 잃고 졸도할 수 있다는 얘기지요.

    그 바람에 라르손은 하루에 심하게는 30번씩 소생술을 받아야 했어요. 심장이 언제든 멈출 수 있다는 불안감에 사로잡힌 채 살아야 했고요. 그야말로 삶이 완전히 달라져 버린 거

예요.

인공 심박동기를 쓰면 심장 박동이 다시 제 리듬을 찾을 수 있다는 걸 알고는 있었지만 딱히 어떻게 해 볼 만한 방법이 없었어요. 그 당시에는 아직 기술이 발달하지 않아서 심박동기가 있는 곳으로 직접 찾아가야만 임시로라도 쓸 수가 있었거든요. 대형 붙박이 형태뿐이어서요.

다행히 이 시기에 이식형 심박동기가 새롭게 개발되고 있었어요. 그 무렵으로선 혁신적 발명품이라 할 수 있는 실리콘 트랜지스터를 이용한 덕분에, 이 심박동기는 환자가 가슴 안에 넣고 다닐 수 있을 만큼 작았지요.

라르손은 기꺼이 이식을 받으러 나섰어요. 다행히 첫 수술은 매우 성공적이었답니다. 하지만 안타깝게도 그리 오래가지는 못했어요. 심박동기가 8시간 만에 꺼지는 바람에 급하게 예비용 기기를 달아야 했거든요.

그나마 두 번째 수술은 첫 번째 수술보다 성공이어서, 무려 8년 동안이나 아무 탈이 없었습니다. 그 후 라르손은 평생 동안 26개의 심박동기를 이식받았어요. 고장 난 심장 박동기를 교체하기도 하고, 신형이 나오면 업그레이드를 하기도 하면서요.

과연 라르손은 몇 살까지 살았을까요? 새롭게 업그레이드된 심박동기로 무려 86세까지 살았습니다. 그 덕분에 본래 직업인 전기 엔지니어의 삶으로 돌아가게 되었지요.

라르손이 첫 수술을 받은 이후에 산 44년은 의학과 공학이 눈부시게 발전하지 않았더라면 불가능한 일이었을 거예요. 라르손의 뒤를 이어 심박동기를 이식한 수백만 명의 사람들은 새로운 길을 용기 있게 개척해 나간 그에게 마음 깊이 감사하며 큰 박수를 보내고 있답니다.

★ 심장을 뛰게 만드는 비밀 병기, 심박동기

인공 심박동기는 심장을 움직이는 전기 자극을 관찰하고 조절하는 장치예요. 정상적인 심장은 전기 신호를 운반하는 세포망을 통해 스스로 박동을 조절해요.

심장에 있는 동방 결절이라는 특수한 세포들이 전기 신호를 스스로 만들어서 심장을 뛰게 하거든요. 그래서 '자연 심박동기'라고 부르지요.

그런데 동방 결절에 문제가 생겨서 제 기능을 하지 못하면 어떻게 될까요? 맞아요, 목숨이 위태로워져요. 심장이 제대로 뛰지 못한다는 얘기니까요. 이때 제 기능을 할 수 있게 하는 심박동기가 필요한 거예요.

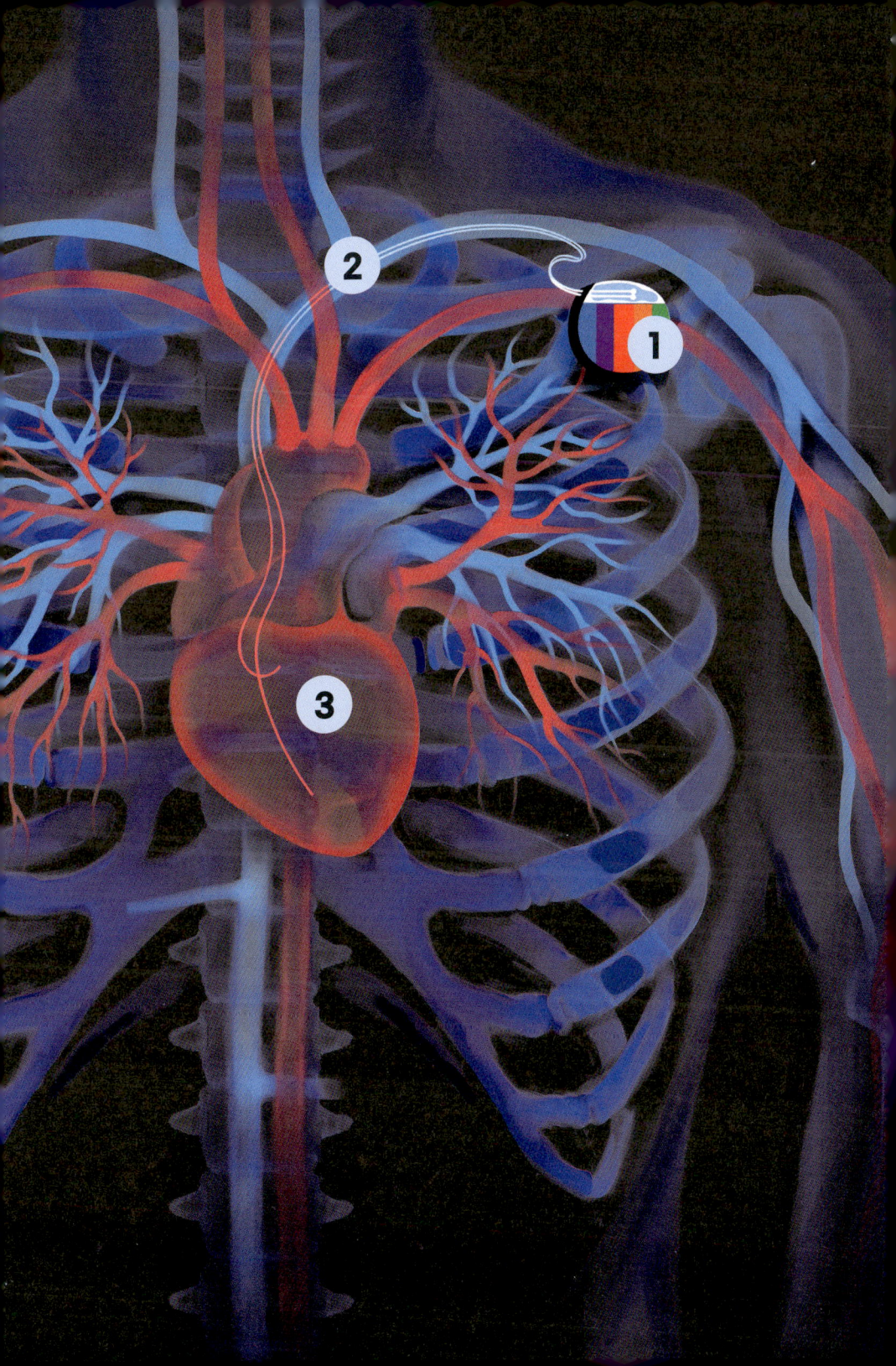

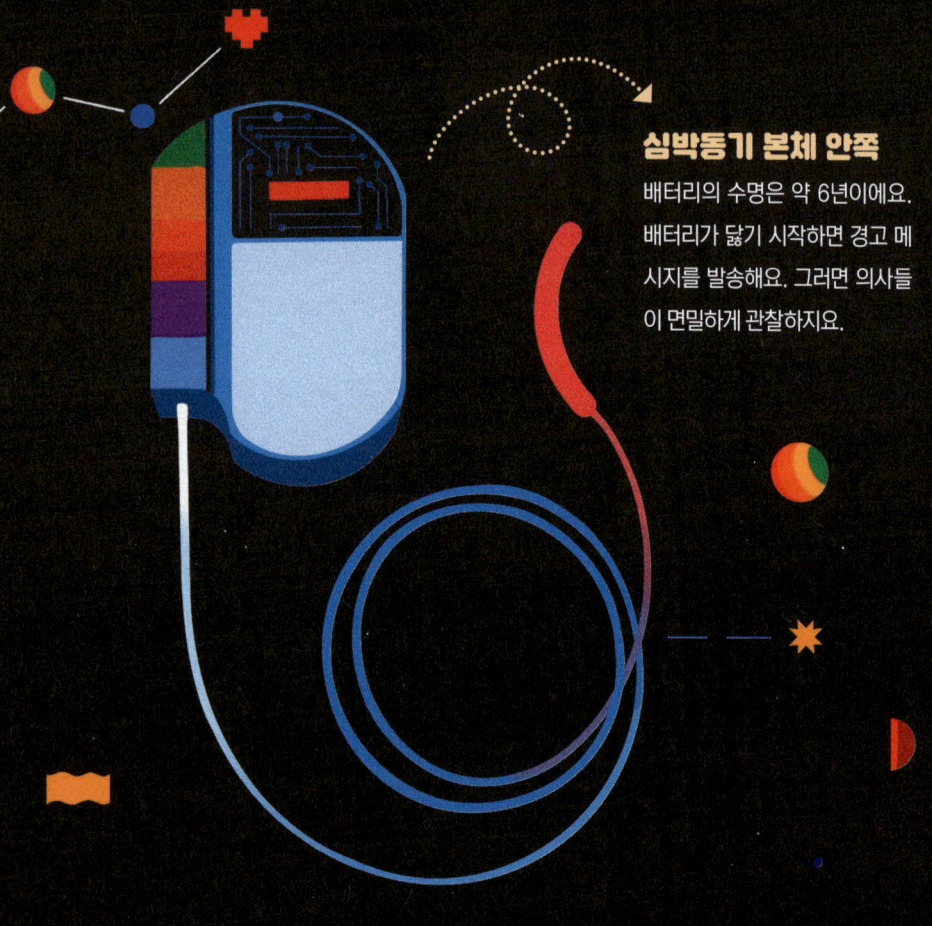

심박동기 본체 안쪽

배터리의 수명은 약 6년이에요. 배터리가 닳기 시작하면 경고 메시지를 발송해요. 그러면 의사들이 면밀하게 관찰하지요.

1 심박동기 본체는 심장과 왼쪽 빗장뼈 사이에 있어요. 배터리와 작은 컴퓨터로 구성되어 있지요.

2 심박동기 본체에서 나온 가느다란 전선(리드)들이 심장으로 이어져 있어요. 전선 끝에 달린 바늘 전극이 심장 근육의 전기 정보를 컴퓨터로 전달하는 거예요.

3 컴퓨터가 리드를 통해 받은 정보를 감지하고 분석한 뒤 기록해요. 혹시라도 심장 박동이 비정상적으로 뛰게 되면 곧장 전기 자극을 보내요.

심장이 어떤 상태인지에 따라 여러 종류의 심박동기가 사용되지만, 기본적인 원리는 모두 똑같아요. 불규칙한 박동이 감지되면 전기 자극을 보내는 거지요.

그러니까 심박동기는 동방 결절의 역할을 모방해서 수행하는 거랍니다. 심장이 원래 해야 하는 기능을 끊이지 않게 하는 거예요. 콩닥콩닥, 우리의 심장이 규칙적으로 잘 뛸 수 있도록 돕는 거랍니다.

결국 우리를 살아 있게 하는 것이지요.

최초의 안경은 언제 생겨났을까?

눈이 나쁘면 어떻게 해요? 안과에 가서 시력을 재고, 그에 맞는 안경이나 렌즈를 착용하지요?

오늘날에는 전혀 특별할 것 없어 보이지만, 안경이 지금처럼 쓰이게 되기까지는 수백 년의 세월이 걸렸어요. 그 세월을 지나오는 과정에서 새로운 아이디어가 계속해서 더해졌고요.

고대 로마인들은 글자를 읽을 때 유리구슬을 사용했다는 기록을 남겼어요. 로마인들의 유리구슬은 지금의 돋보기안경과 비슷한 원리였던 듯해요.

그렇지만 상을 확대하기 위해 볼록 렌즈를 사용했다는 기록은 세월이 한참 더 흐른 뒤에 나타나요. 아랍의 과학자 알하산 이븐 알하이삼의 연구서에서였지요. 그 공로로 알하산 이븐 알하이삼은 '현대 광학의 아버지'로 불린답니다.

알하산 이븐 알하이삼의 연구서가 서구 유럽으로 전해져 번역된 뒤에야 '독서용 유리알'이 널리 쓰이기 시작했거든요. 이 유리알을 이탈리아 사람들이 더 발전시켜서 1200년대 말에 최초의 안경을 만든 거예요.

새로운 재료가 등장하면서 안경테가 점점 더 가벼우면서도 튼튼해졌어요. 렌즈의 색깔에도 변화가 생겼고요.

특정 목적으로 제작된 선글라스도 처음 만들어졌어요. 태양빛의 해로운 자외선을 차단하기 위해 렌즈에 산화세륨(화합물)을 섞었답니다.

그 후 선글라스는 빠르게 유행하기 시작했어요. 1938년 미국에서는 전년도 선글라스 판매량이 무려 2천만 개를 기록

했다나요.

 이 가운데 의학적인 이유가 있어서 선글라스가 꼭 필요했던 사람은 얼마나 될까요? 놀랍게도 4분의 1밖에 안 된다는 거 있지요? 결국 선글라스는 소수의 사람들을 위해 개발했던 아이템이 다수의 사람들에게 유용하게 쓰이게 된 대표적 물건이에요. 장애인을 위한 혁신적 아이디어가 왜 중요한지 보여 주는 셈이지요.

 안경은 최근에 다시 한번 눈부시게 도약을 했어요. 2012년에 출시된 엔크로마® 안경은 색맹 환자들의 불편함을 덜어 주기 위해 고안된 특수 안경이에요.

 아, 색맹이 뭐냐고요? 시력에 이상이 있어서 특정 색깔을 구분하기가 힘든 걸 말해요. 빨간색과 초록색을 구분하기 힘든 것이 대표적이지요. 대부분은 선천적으로 타고나지만, 드물게는 후천적으로 황반 변성이나 녹내장 같은 안과 질환이 시력의 이상을 불러와 색맹이 되게 하기도 해요.

 엔크로마® 안경은 이런 어려움을 겪는 사람들이 색을 더 잘 구분할 수 있도록 돕는 특수 렌즈를 사용한답니다. 선글라스와 똑같은 방식으로 만들지만, 해로운 자외선을 차단하는

게 아니라 빨간색과 초록색을 구분하지 못하는 색맹 환자들의 뇌에 혼란을 주는 빛의 파장을 선택적으로 차단하거나 필터링을 해 주는 거예요. 그래서 두 색상을 명확히 구분할 수 있게 하지요.

엔크로마® 안경은 "단지 색깔을 보는 것이 아니라 세상을 보는 것입니다."라고 말해요. 그 말 속에 참 많은 의미가 담겨 있지요. 혹시 마음으로 느껴지나요?

★ 가짜 눈을 붙이던 때가 있었다고?

눈이 나쁘면 안경을 쓰면 되지만, 눈을 아예 잃으면 어떻게 할까요? 사실 뾰족한 수가 없지요? 그런데 기원전 2900년 초의 최초 의안(인공 눈알)이 이란에서 발견되었어요.

이 가짜 눈은 동물의 지방과 타르를 빚어서 만든 뒤 금으로 장식을 했는데요. 그때는 아직 과학 기술이 발달하지 않아, 이 기묘한 모양의 가짜 눈을 비어 있는 눈구멍에 끼우거나 다친 눈의 앞쪽에 대는 정도였지요. 그렇기에 눈의 기능을 하지는 못했어요. 처음부터 미적인 면만을 생각해서 만든 거거든요.

그 뒤로 오천 년의 세월이 지나면서 이 가짜 눈의 재료가 조금씩 나아졌어요. 하지만 눈의 기능을 하지 못한다는 점은 여전히 변하지 않았지요.

세월이 흐르고 흘러 1500년대에 이르자, 이탈리아의 유리 공인들이 유리를 입으로 불어서 실제 눈하고 비슷한 모양의 유리 눈알을 만들었어요. 1900년대에는 기술이 더 발전해 도자기나 플라스틱처럼 가벼운 합성 원료가 생산되었지요. 그 덕에 의안의 착용감이 이전보다 훨씬 나아졌을 뿐 아니라, 겉으로 보기에는 진짜처럼 보일 만큼 정교해졌답니다.

생체 공학형 눈이라는 아이디어는 아주 오래전부터 있었지만, 과학자들이 생체 공학형 눈을 실제로 만든 건 21세기에 들어서서였습니다. 2006년에 첫 테스트를 거친 아구스 II 인공 망막(Argus II Retinal Prosthesis) 시스템이 세상에 나오면서, 망막 색소 변성증 환자들이 다시 세상을 볼 수 있게 해 주었거든요.

망막 색소 변성증 환자들은 눈의 가장 안쪽에 있는 막(망막)의 세포가 변성되는 건데요. 심하면 시력을 완전히 잃을 수도 있어요.

아구스 II 인공 망막을 삽입하면 색깔까지는 볼 수 없더라도 빛의 변화와 움직임의 변화를 감지할 수 있답니다. 이 놀

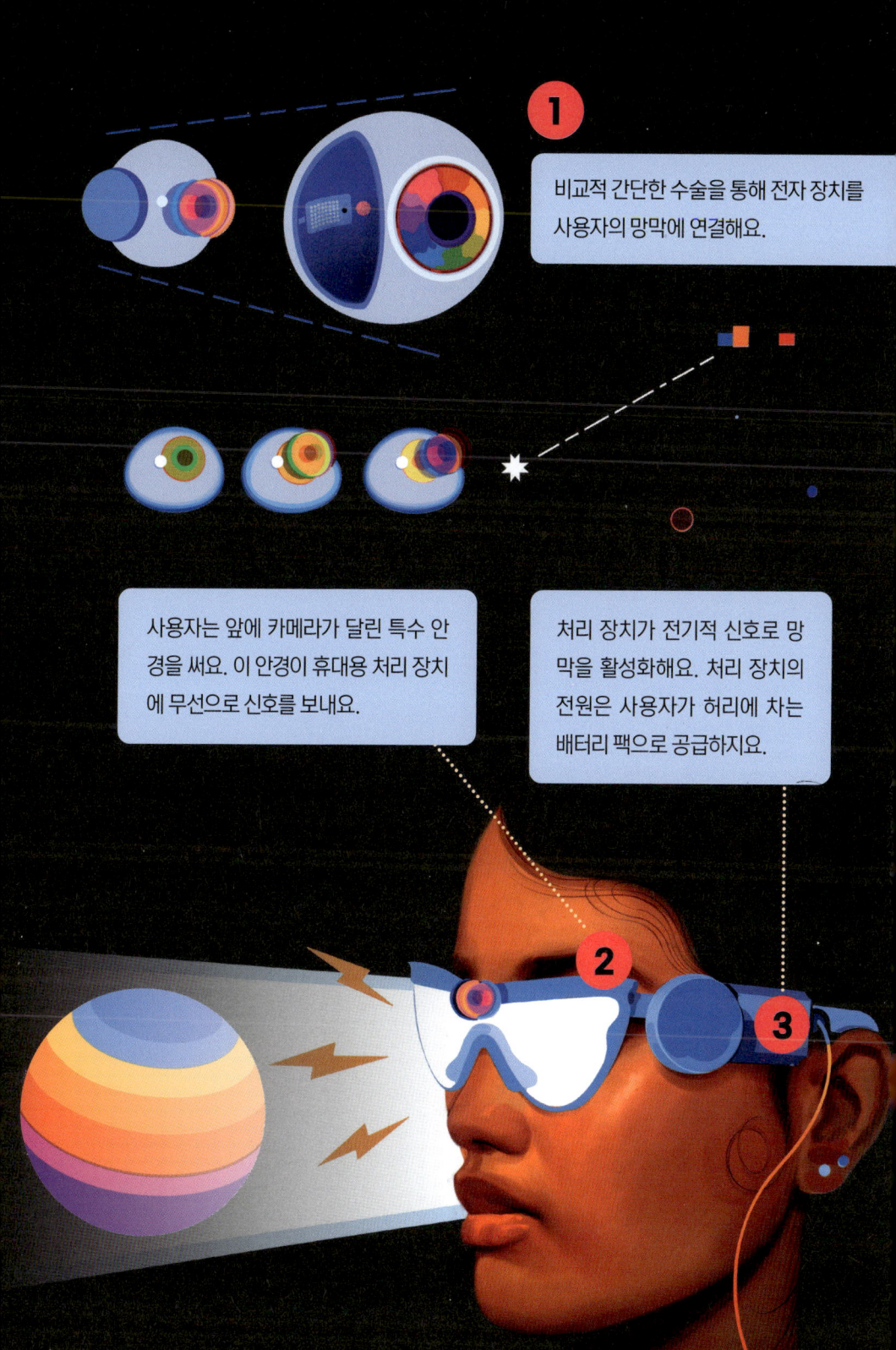

라운 기술력 덕에 시력을 잃은 뒤에도 글자를 읽을 수 있고, 주변의 물체도 알아볼 수 있게 되었지요.

영국에서 최초의 생체 공학형 눈이 이식된 것은 2009년이에요. 맨체스터 대학교의 임상 시험에서 영국인 키스 헤이만 등이 아구스 II 바이오닉 아이를 이식받았거든요.

헤이만은 원래 정육점에서 일했는데요. 그 당시 망막 색소 변성증으로 일을 손에서 놓은 지 이십오 년째였어요. 그는 이 유전성 질환 때문에 시력을 잃었지만, 그때만 해도 미리 예방할 방법이나 치료할 방법이 전혀 없었지요.

그런데 어느 날 아침, 헤이만의 누이가 지역 뉴스 채널에서 망막 색소 변성증 환자가 시력을 되찾을 수 있는 기회라고 하면서 임상 시험 대상자를 모집하는 광고를 보았어요. 전화 통화와 면접을 거친 뒤, 헤이만은 임상 시험 대상자로 확정되었답니다. 그리고 네 시간 반의 수술을 거쳐 망막에 장치를 이식받았지요.

"인생의 절반을 암흑에서 보낸 끝에, 이제는 손자와 손녀들이 나를 향해 뛰어오는 것을 알아볼 수 있습니다."

훗날 헤이만은 임상 시험에 지원하게 된 계기를 묻는 질문

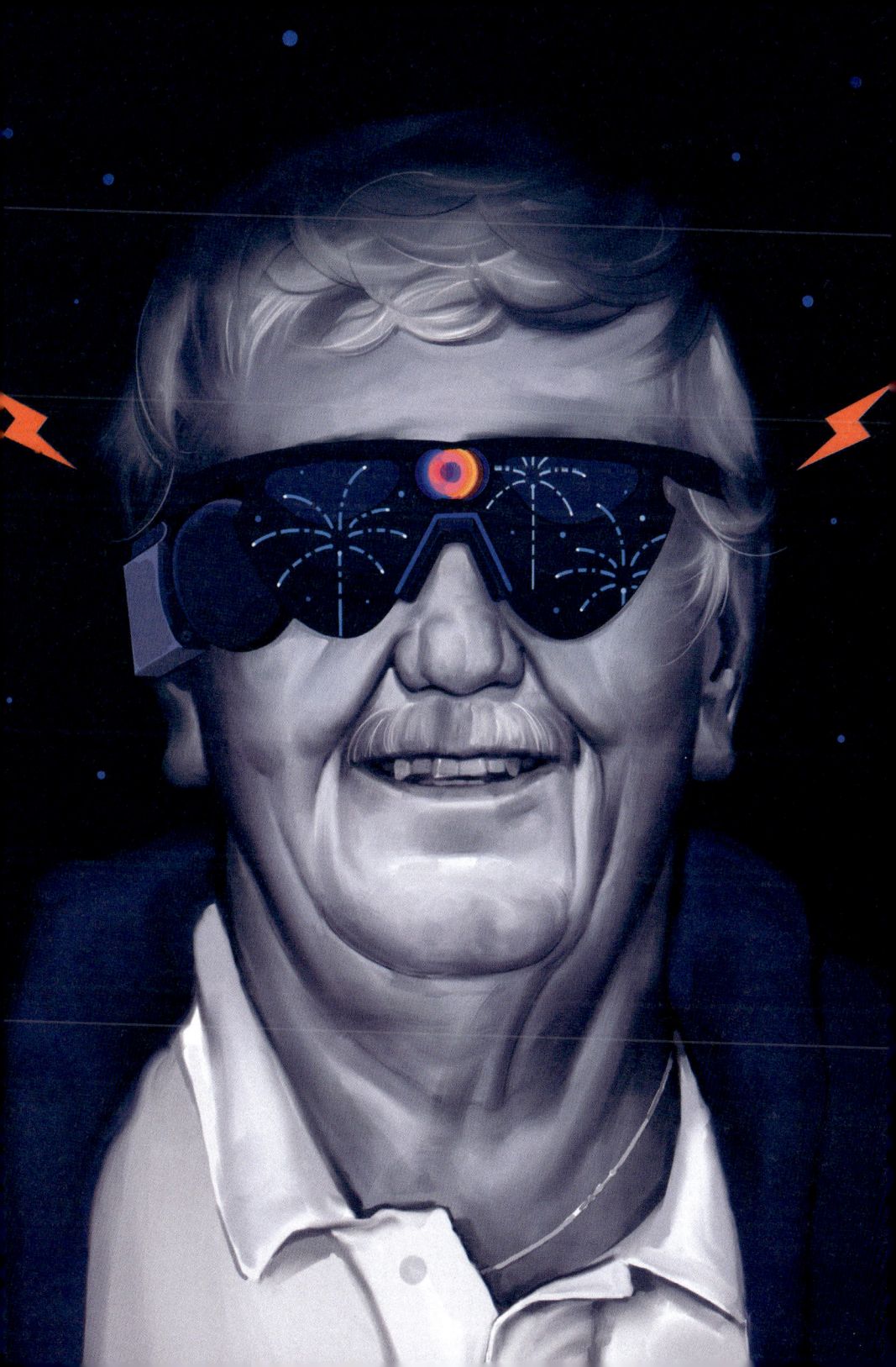

에 밑져야 본전이었다고 하면서 이렇게 대답했습니다.

"나빠 봐야 아무것도 달라지지 않는 거고, 잘하면 시력을 조금이라도 찾게 되는 거니까요."

이 용감한 결정은 결국 헤이만의 편이 되어 주었습니다. 몇 주 뒤 새로운 눈에 적응한 헤이만은 25년 만에 다시 본파이어 나이트 불꽃놀이(영국에서 1605년의 의사당 폭파 음모 실패를 기념하여 매년 11월 5일 밤에 벌이는 불꽃놀이—옮긴이)를 보게 되었으니까요.

생체 공학형 눈은 헤이만에게 시력만 되찾아 준 것이 아니었어요. 무엇이든 혼자 할 수 있다는 자신감을 되찾아 주었거든요. 새로운 눈과 함께라면 이제 부딪힐 걱정 없이 가게에 편안히 걸어갈 수 있었으니까요. 날이 저문 뒤에도 손을 더듬지 않고 산책을 할 수 있었고요.

그 후 헤이만은 홀로 고립되어 있다는 생각에서 점차 벗어났어요. 세상과 소통하는 일을 무척 중요하게 여기게 되었지요. 이 생체 공학형 눈 덕에 삶의 소중한 가치를 찾게 된 거예요.

★ 뇌로 소리를 듣는다, 인공 와우

소리를 듣는 데 어려움을 겪는 걸 난청이라고 해요.

인공 와우(달팽이관—옮긴이)는 난청을 치료하는 조그마한 전기 장치예요. 인공 와우를 이식받으면 삶이 완전히 달라지지요.

아, 참! 이 작고 정밀한 기기를 보청기와 헷갈려서는 안 돼요. 보청기는 초소형 스피커예요. 청각이 덜 예민한 사람들도 잘 들을 수 있도록 주변의 소리를 크게 키워 주거든요. 반면에 인공 와우는 뇌가 소리를 인지할 수 있도록 전기 신호를 뇌로 직접 전송해요.

소리는 파동의 형태로 바깥귀로 들어간 뒤 가운데귀를 거

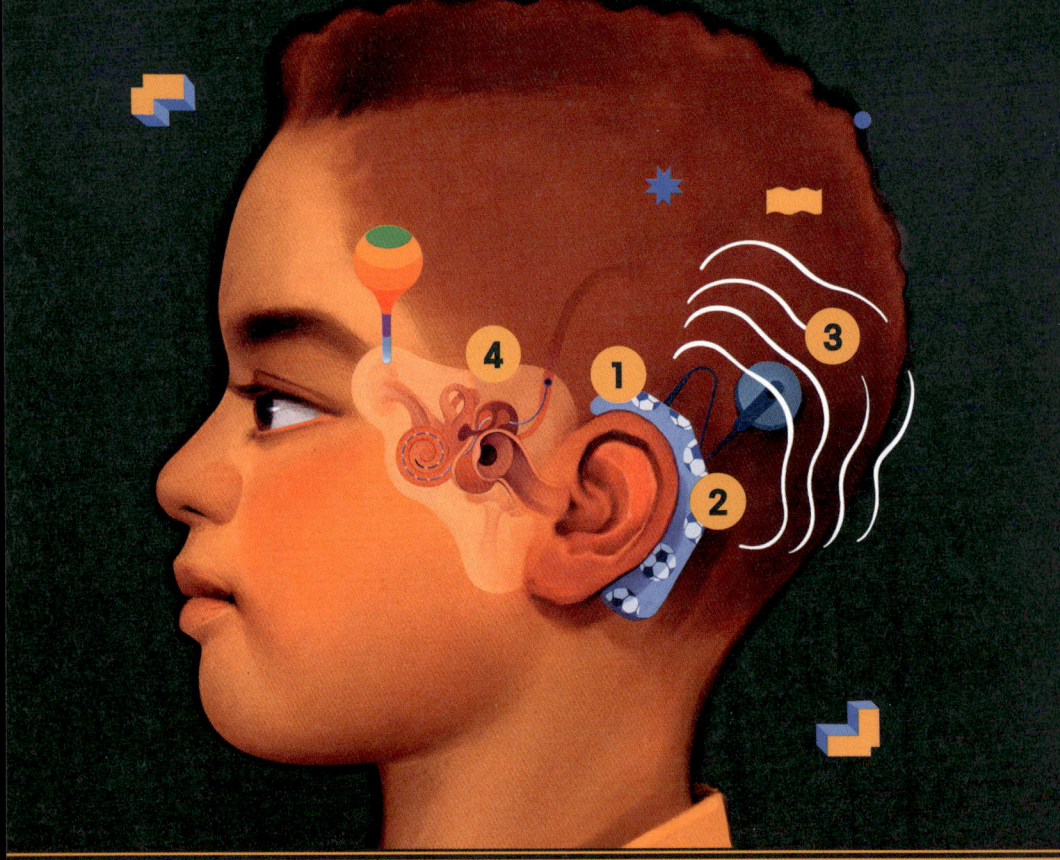

① 귓바퀴에 소형 마이크를 걸어요. 이 마이크가 주변의 소리를 감지해요.

② 마이크는 감지한 소리를 음성 처리기로 보내요. 음성 처리기가 여러 소리를 걸러서 착용자에게 전달할 소리를 선택해요.

③ 수신기와 증폭기가 음성 처리기에서 소리를 받아서 전기 신호로 바꾸어요.

④ 속귀에 삽입된 전극이 전기 신호를 모아 청신경으로 보내요. 청신경은 이 전기 신호를 뇌로 전달하지요.

쳐서 속귀로 이동해요. 달팽이관은 속귀에 있어요. 액체로 가득 차 있으며, 길쭉한 관이 돌돌 말린 것처럼 생긴 청각 기관이지요.

일반적으로 소리가 들리는 과정은 다음과 같아요.

달팽이관 속의 액체가 움직이면서 관속의 민감한 섬모들이 구부러지고, 여기서 뇌로 보낼 전기 신호가 만들어져요. 그런데 다치거나 병에 걸리면 어떻게 될까요?

어떤 이유로든 문제가 생기게 되면 달팽이관이 뇌로 보낼 신호를 잘못 만들거나 아예 만들지를 못하게 돼요. 그러면 소리가 잘 안 들리게 되지요. 이때 인공 와우는 제 기능을 못 하는 달팽이관의 역할을 모방해 대신함으로써 소리를 듣게 해 주어요.

인공 와우를 이식받은 뒤에는 어느 정도의 적응 기간이 필요해요. 사람의 귀와는 작동 방식이 다르니까요. 그렇지만 인공 와우가 있으면 소리를 전혀 듣지 못하던 사람도 주변 소리에 반응할 수 있게 되어요. 다른 사람들과 의사소통도 쉽게 할 수 있게 되고요.

생체 공학형 팔다리가 움직이는 방법

생체 공학형 팔다리를 만들기 위해서는 먼저 사람의 팔다리가 움직이는 원리를 이해해야 해요. 그다음에는 최대한 똑같이 만드는 거지요. 생체 공학형 팔다리는 다양한 기능을 하는데요. 어떻게 움직이고 쓰이는지 한번 살펴볼까요?

전극으로 움직이기

근육의 움직임은 모두 뇌에서 시작됩니다. 뇌가 보낸 전기 신호가 신경을 따라 움직여야 할 근육으로 가지요. 팔다리에 있는 근육 세포들이 전기 신호를 해석해서 수축하거나 이완하고요. 이렇게 수축과 이완이 반복되고 조정되면서 몸을 움직이게 되는 거예요.

생체 공학형 팔다리를 움직이는 과정도 다르지 않아요. 단지 한 단계만 추가될 뿐이지요. 생체 공학형 팔다리를 쓰는 사람들은 뇌의 전기 신호를 팔다리로 곧장 보내는 대신, 피부 아래 근육 활동을 감지하는 전극으로 보내거든요. 전기 신호를 감지한 전극은 소형 컴퓨터로 신호를 보내고, 컴퓨터가 이 신호를 움직임으로 바꾼답니다. 움직임이 복잡할수록 전극이 더 많이 필요하지요.

신체 동력으로 움직이기

의수나 의족을 신체의 힘으로 움직이는 방식은 아주 오래전부터 사용되었어요. 그 역사가 독일의 치과 의사 페터 바일리프가 의수를 고안한 1818년까지 거슬러 올라가지요.

이렇게 신체 동력(힘)으로 움직이는 방식의 의수는 원리가 매우 간단해서 고도의 기술이 필요하지 않아요. 그래서 지금까지도 가장 널리 쓰이지요.

'신체 동력'으로 움직인다는 것은 의수나 의족을 착용한 사람이 자신의 다른 신체 부위로 움직이게 한다는 뜻이에요. 어깨나 팔의 움직임을 의수의 벨트로 전달하고, 벨트의 움직임을 다시 의수 속의 줄로 전달해서 의수의 손바닥을 펴거나 쥐게 하는 방식이에요. 따라서 이 방식은 신체의 여러 부위를 잃은 사람이 사용하기는 어려워요.

완전 통합형

전극을 피부 안쪽에 놓을 수도 있어요. 착용자가 감촉을 느낄 수 있도록 근육뿐 아니라 연결된 신경에서도 직접 신호를 받는 거예요. 근육과 신경을 통합하는 거지요. 그만큼 팔다리를 움직이기가 쉽고 감각도 고스란히 느낄 수 있어요.

아직은 연구 단계지만, 미래의 생체 공학형 팔다리는 이렇게 양방향 통합 방식으로 움직이게 될 거예요.

✴ 손을 대신하는 의수, 오백 년의 역사

 손은 우리 몸에서 가장 중요하고, 할 일이 가장 많은 기관이에요. 물건을 집고 도구를 사용하며 감촉을 느낄 뿐 아니라, 여러 동작을 취하거나 만져서 서로 소통하기도 하고 친해지기도 하지요.

 그래서 인류는 손 없이 태어나거나 사고 또는 질병으로 손을 잃은 사람들에게 대체품을 만들어 주려고 끊임없이 애써 왔어요. 손이 하는 일이 많은 만큼 의수를 만드는 과정에서도 넘어야 할 산이 많았지요.

 그러면 이번에는 지난 오백여 년 동안 의수가 발전해 온 자취를 한번 살펴볼까요? 아주 흥미진진할 거예요.

초창기의 역사

인류가 지구에 등장하고 얼마 지나지 않아서부터 의수로 사용한 연장의 증거가 여러 가지 있어요. 칼이나 죔쇠(나뭇조각 등을 물려 쥘 수 있도록 쇠로 만든 연장—옮긴이), 또는 갈고리 등을 끈으로 몸에 묶어서 썼지요. 초창기 의수는 단 한 가지 기능밖에 못했답니다. 인간의 복잡한 손을 따라가기에는 갈 길이 아직 많이 남아 있었어요.

1500년대, 괴츠 폰 베를리힝겐

자연을 모방하려는 시도 중에 가장 눈에 띄었던 것은 전쟁터에서 오른손을 잃은 독일의 기사 괴츠 폰 베를리힝겐 백작이 착용한 철제 팔이에요. 이 초기 의수는 손가락을 구부릴 수가 있어서, 괴츠 백작은 말의 고삐뿐만 아니라 무기도 쥘 수 있었어요. 그렇지만 의수가 너무 무거워서 몸에 꽉 묶어야 했을 거예요.

1575년, 앙브로아즈 파레

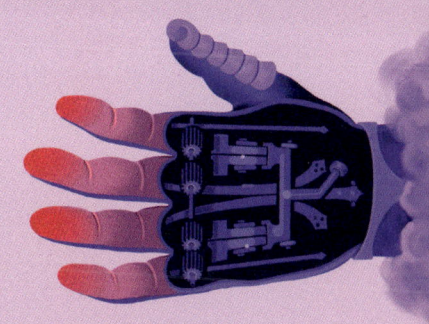

프랑스의 종군 외과의 앙브로아즈 파레는 절단 수술을 통해 부상병들의 생명을 구한 것으로 유명합니다. 파레는 스프링이 내장된 의수를 고안했는데요. 안쪽의 스프링을 고성해서 물건을 집을 수 있었어요. 그다음 세기 초부터 의수는 일상생활의 용도에 맞추어 쓸 수 있게 설계되기 시작했답니다.

1948년, 보덴 케이블로 움직이는 의수

제1차 세계 대전과 제2차 세계 대전이 끝나고 나자, 팔이 절단된 사람들이 엄청나게 많아졌어요. 그 결과 의수에 대한 관심과 투자가 쏠리기 시작했지요. 가장 먼저 성공을 거둔 것은 보덴 의수예요. 비싸지 않고 튼튼한 데다, 상체에 고정한 보덴 케이블로 의수에 달린 세 갈래 갈고리를 펴거나 오므릴 수 있었거든요. 사용하기 쉽고 간단하고 내구성이 좋아서 지금도 세계 곳곳에서 쓰이고 있어요.

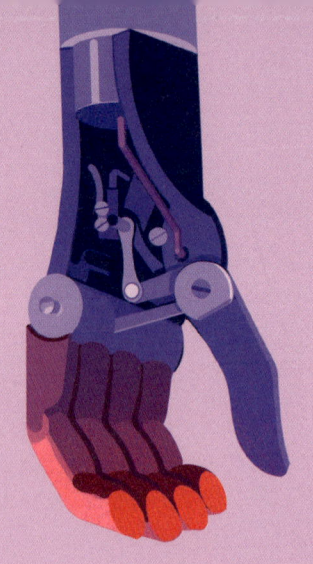

1948년, 근전기성 의수

오늘날 팔뚝 의수 중에서 가장 흔하게 쓰이는 종류예요. 최초의 근전기성 의수는 독일의 물리학자 라인홀트 라이터가 발명한 것으로, 모터로 움직이는 손가락들이 달려 있었습니다. 그렇지만 라이터의 의수는 하도 무거워서 일상 생활에서는 도저히 쓸 수가 없었어요. 1990년이 되어서야 근전기 감지기를 의수의 소켓에 넣게 되었지요.

2008년, 아이림®

인공 보철물 제작 기술이 발전하면서, 보철물을 신체에 연결하는 소켓이 점점 가볍고 견고해지면서 실용적으로 진화했어요. 2008년, 터치 바이오닉스가 출시한 아이림®의 수는 최초로 각각의 손가락에 독립된 모터를 달아서 손가락 마디를 구부릴 수 있게 했지요. 인체의 생물학적 기능을 정교하게 복제한 덕분에 큰 성공을 거두었답니다.

에든버러 모듈러 팔 시스템

"부분적으로는 사람, 부분적으로는 기계, 전적으로 스코틀랜드인!"

1982년, 스코틀랜드 에든버러 출신 로버트 캠벨 어드는 암을 진단받았어요. 그 후 암세포가 더 번지지 않도록 오른팔을 잘라 내야 했지요.

이 수술을 받고 16년 뒤, 어드의 삶은 다시 한번 달라지게 되었답니다. 1998년, 다섯 명의 의공학 연구진이 세계 최초로 '에든버러 모듈러 팔 시스템'이라는 생체 공학형 의수를 만들었거든요.

그동안 시제품은 몇 차례 나왔지만, 실생활에서 사용할 수

있는 생체 공학형 의수는 이 에든버러 시스템이 최초였어요. 어드는 이 혁신적인 장치를 세계 최초로 사용하는 사람이 되었지요.

사람의 실제 피부와 거의 똑같은 인공 피부 아래로 다양한 첨단 전기 회로와 마이크로 칩, 동력 전달 장치, 모터, 도르래 등을 갖춘 덕택에 어드는 새로운 팔을 마음대로 움직일 수 있었어요.

이 의수는 사람의 팔과 똑같이 어깨에서 돌아가는 데다, 팔꿈치에서 자유롭게 구부러졌답니다. 손가락을 이용해서 물건을 잡을 수도 있었고요. 이 새로운 팔로 어드는 항암 치료를 받은 뒤 처음으로 책장에서 책을 직접 꺼냈다지요.

어드는 책을 꺼내는 데서 그치지 않았어요. 잃었던 능력을 대부분 되찾았거든요. 비행 수업을 듣는 것은 물론, 놀랍게도 클레이 사격 대회에서 14번이나 트로피를 차지했다지 뭐예요.

그는 사실 천생 모험가였습니다. 무엇에든 도전하는 걸 좋아했어요. 이 세상에 불가능한 일은 없다고 믿으면서요.

시간이 날 때마다 의공학 연구진들을 만나서, 자신이 큰 혜택을 받은 생체 공학형 의수 기술의 개선에 기꺼이 협력했어요. 자선 단체 일에도 발 벗고 나섰고요.

어드는 삶을 최대로 활용하기 위해 인간과 기계가 힘을 합치면 무엇이든 가능하다는 것을 생생하게 보여 주었습니다.

★ 이제는 컴퓨터로 움직인다, 의족의 역사

다리가 없이 태어나거나, 뜻하지 않은 사고로 잃어버린 사람은 대부분 의족을 착용해요.

초기 의족은 몹시 투박해서 이래저래 불편했어요. 그래서 의족을 착용한 채로 할 수 있는 일이 많지 않았지요.

그러다 20세기에 들어서서 새로운 기술과 재료, 지식이 폭발적으로 등장하면서 여러 분야가 빠르게 진보했습니다. 더 새로운 합성 물질과 더 진보된 기술에 맞춤형 제작 시스템이 결합하면서 의족도 점점 견고해졌어요. 쓰임새 역시 놀라울 정도로 다양해졌고요.

의족이 어떻게 변모해 왔는지 다 같이 살펴볼까요?

기원전 300년, 로마 제국

최초의 의족 유물은 기원전 300년 전후로 고대 로마에서 쓰인 의족입니다. 이탈리아 카푸아 지방에서 출토된 카푸아 의족은 가운데의 나무를 철과 청동으로 감싼 형태였어요. 윗부분을 비워서 다리를 연결할 수 있게 했지요.

1579년경, 앙브로와즈 파레

그 뒤로 1800년 동안은 나무 의족이 가장 많이 쓰였습니다. 재료를 구하기가 쉽고 교체하기도 수월했으니까요. 뭐, 편하지는 않았지만요.

그러다가 1579년, 프랑스의 종군 외과의 앙브로와즈 파레가 기계 다리의 구상도가 실린 책을 출간했어요. 이 기계 다리는 무릎을 굽힐 수 있고 착용자의 다리에 끼울 수 있었지요.

1846년, 벤저민 파머

의수의 발전에 복잡한 기술이 필요했던 것과 달리, 의족의 발전은 새로운 재료를 찾는 것과 그 재료를 손쉽게 구할 수 있느냐가 중요했어요.

1846년, 다리 절단 수술을 받은 벤저민 파머가 뒤꿈치에 용수철을 달고 철로 힘줄을 제작한 의족을 설계해서 특허를 받았습니다. 이 의족은 관절의 움직임을 정확히 본뜨려고 노력했지요.

2000년대, 컴퓨터로 움직이는 다리

아이슬란드 정형외과 보조 기구 기업 오서와 MIT의 휴 허 교수가 최초로 컴퓨터로 조종 가능한 의족을 개발했습니다.

이 의족은 감지기와 마이크로프로세서를 사용하여 주변 환경의 변화를 감지하고, 감지한 변화에 맞추어 미세한 조정을 거쳤어요.

예를 들어, 프로프리오 풋®은 계단을 한 단 오를 때마다 발가락을 들어 올릴 수 있지요. 그래서 착용자가 발을 헛디디거나 넘어지는 걸

방지해 주어요. 오르막이나 내리막을 걸을 때면 지면의 기울기를 감지해서 발의 각도를 조정하고요.

사람의 발목이 하는 일과 거의 똑같지요. 레오니® 역시 비슷한 기술을 활용해서 무릎을 잃은 착용자들이 걷고 있는 지면에 맞추어 다리 전체를 조정할 수 있게 했어요.

날 모양 의족

천천히 걸을 때는 땅을 박차는 데 힘이 많이 들지 않아요. 그렇지만 달리기 위해서는 발의 모양이 지면에 맞추어 조정을 거쳐야 착용자가 앞으로 나갈 수 있지요.

탄력성이 있는 탄소 섬유를 활용해 의족을 개발하던 공학자들은 C자 형태의 의족을 고안해 냈습니다. 이 달리는 '날'은 치타의 뒷다리 모양을 보고 아이디어를 떠올렸다나요.

★ 새로운 돌파구, 전동형 외골격 슈트

    지금까지 소개한 생체 공학형 장치들은 모두 신체의 한 부위나 신체의 기능 가운데 한 가지를 대체하도록 만들어졌습니다. 그런데 만약 척추를 다친 사람이 있을 땐 어떻게 해야 할까요?

    척추를 다치면 되면 다친 지점 아래로는 움직일 수가 없게 되어요. 마비가 되거든요. 신체 부위의 두 곳 이상이 영향을 받게 된답니다.

    상반신과 팔다리가 모두 마비된 경우를 사지 마비라고 하고, 두 다리가 모두 기능을 잃은 경우를 하반신 마비라고 해요.

    1965년, 생체 공학 세계에 엄청난 변혁을 몰고 온 시제품이 출시되었어요. 바로 외골격 슈트가 등장했거든요. 그때까지만 해도 하반신이 마비된 사람이 이동하는 방법은 휠체어를 타는 것뿐이었어요.

   그런데 1960년대, 미국의 제조업체 제너럴 일렉트릭이 외골격 슈트 시제품을 내놓았습니다. 과거에는 하반신이 마비되면 절대로 할 수 없으리라고 여겼던 일, 즉 혼자 힘으로 일어서고 돌아다니는 일을 할 수 있게 하는 제품이었지요.

   '외골격'이라는 용어는 '겉뼈대'라는 뜻이에요. 그러니까 외골격 슈트는 신체 바깥에 입는 장치입니다. 다른 인공 보철물과 달리, 외골격 슈트는 신체 부위 중의 하나를 대체할 목적이 아니라 근육과 뼈를 보조할 목적으로 설계되었지요.

   이런 종류의 장치를 인체의 기능을 보조하거나 교정하는 장치라는 뜻에서 보조기라고 불러요.

   1971년에 완성된 제너럴 일렉트릭의

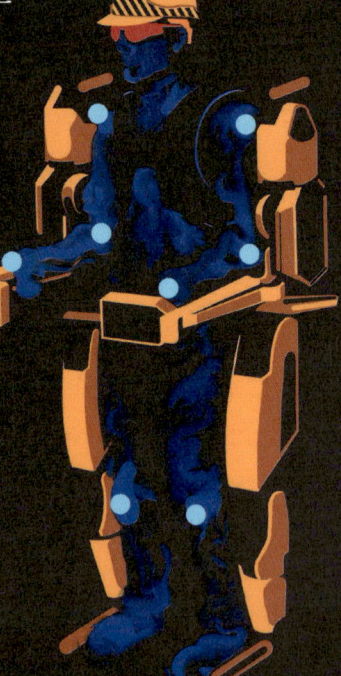

하디맨은 착용자의 팔다리를 움직일 수 있게 하는 전동형 외골격을 만들려는 최초의 시도였어요. 그렇지만 안타깝게도 슈트의 움직임을 통제할 수 없어서 사람에게 실제로 실험해 볼 수는 없었지요.

그렇지만 하디맨은 여전히 공학 분야의 새로운 돌파구라고 평가받고 있으며, '인간과 기계'를 결합하려는 최초의 시도로 꼽히고 있어요.

현대의 외골격 슈트

기술이 진전을 보이면서 전동형 보조기들은 점차 현실이 되어 가고 있어요. 최근에는 다양한 지면 위를 입고 다닐 수 있을 만큼 가벼운 데다, 한 번만 충전하면 하루 종일 쓸 수 있는 배터리가 내장되어 있기도 하지요.

전동형 보조기의 목적은 사람의 근육과 뼈에 가해지는 부담과 불편함, 근육 활동량, 그리고 움직임에 쓰이는 에너지를 줄

착용자가 팔에 달린 패널을 통해 외골격 슈트를 움직일 수 있어요.

이는 거예요. 2014년, MIT의 휴 허 교수는 착용자가 적은 힘으로 더 빨리 걸을 수 있도록 보조하는 최초의 전동형 외골격 슈트를 개발했어요.

  기술이 향상되면서 영국은 자국 군대를 인류가 지금껏 꿈꿀 수 있던 것보다도 더 빠르게 달리고 더 높이 뛰며, 더 무거운 것을 들게 업그레이드하는 데 외골격 슈트를 활용할 수 있을지 검토하고 있습니다.

뇌하고 직접 소통하다, 뇌 임플란트

　과학자들은 신체에 연결한 기기로 뇌의 신호를 직접 활용해서 몸을 움직이게 하는 걸 오랫동안 꿈꾸어 왔어요. 이걸 뇌 임플란트라고 하는데요.

　음, 치아 임플란트와는 엄연히 달라요. 치아 임플란트는 이를 뺀 다음 그 자리에 인공 보철물을 넣는 거잖아요. 뇌 임플란트에서는 뇌를 제거하고 그 자리에 대체물을 넣는 것이 아니에요. 뇌에다 전극을 이식한 뒤 뇌에서 발생하는 전기 신호를 활용하는 기술이거든요.

　이를테면 의수 착용자에게 위팔의 근육을 이용해서 의수를 움직이는 방법을 가르치는 대신, 뇌가 만드는 신호를 해석해

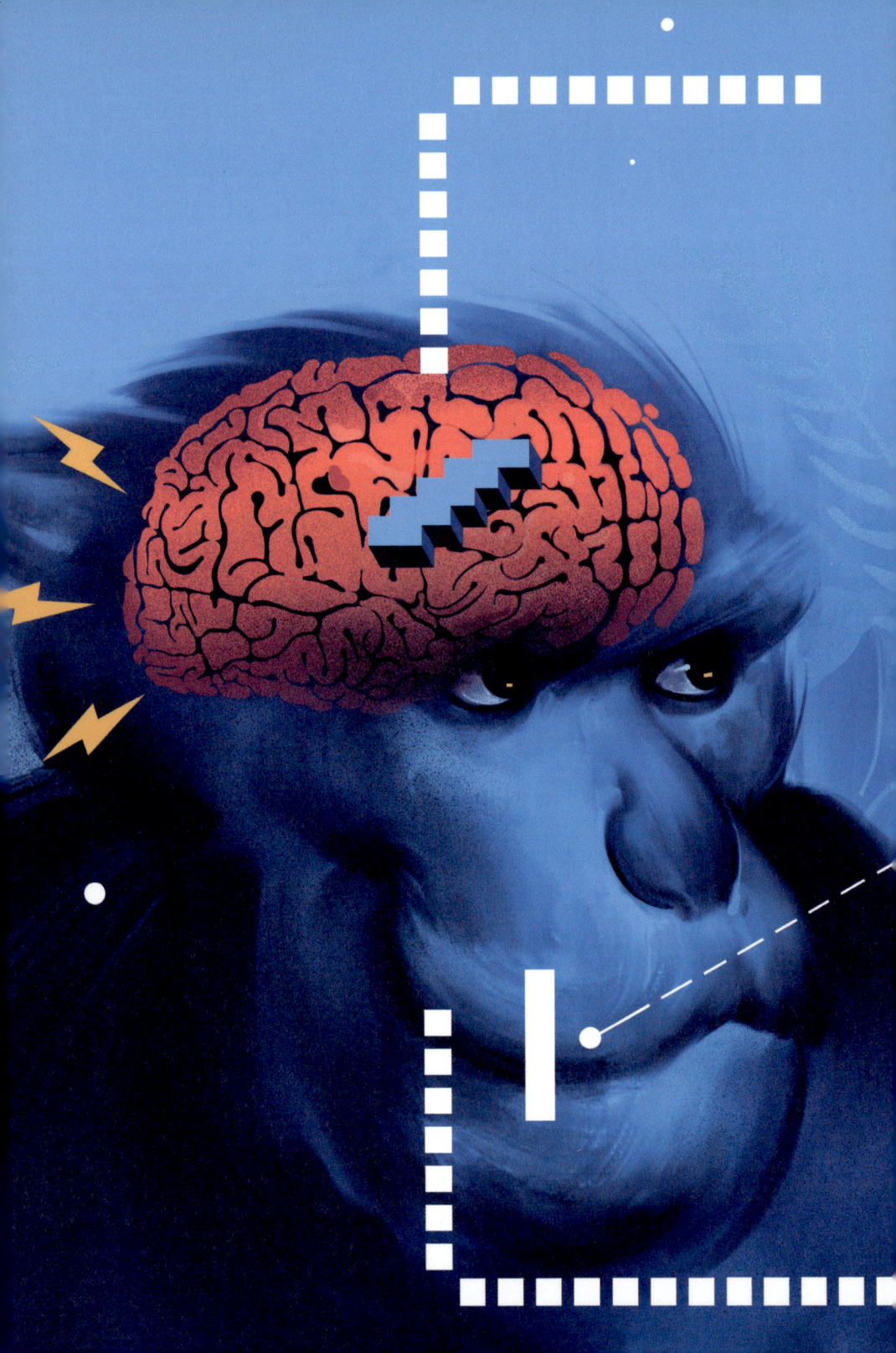

서 직접 의수를 움직이게 하는 방식이지요. 그러니까 중간 단계를 생략하고 뇌가 인공 보철물과 실시간으로 상호 작용하게 하는 거예요.

뇌 임플란트 기술은 이미 생체 공학형 의안을 만드는 데 쓰이고 있어요. 과학자들은 벌써 그 너머의 가능성을 연구하기 시작했답니다. 2021년, 뇌 신경 과학 기업 뉴럴링크는 오로지 생각만으로 '퐁'이라는 오락 게임을 하는 원숭이 영상을 공개했어요. 원숭이의 뇌에서 만들어진 신호들이 뇌에 이식된 마이크로 칩을 통해 무선으로 전송되었지요.

뉴럴링크는 이 기술을 활용하여 사지가 마비된 사람들이 뇌를 이용해서 다른 사람들이 손가락으로 하는 것보다도 더 빨리 스마트폰을 쓸 수 있게 할 계획이에요.

현재로서는 실험 단계지만, 뇌 임플란트 기술은 현대 생체 공학 분야의 대표적인 돌파구로 꼽히고 있어요.

뇌 임플란트 기술을 활용하면 상상도 못 하던 일들이 가능해질 거예요. 생체 공학형 의수나 의족을 사람의 팔다리만큼이나 정교하게 움직일 수 있을 뿐 아니라, 뇌를 다쳐 사지가 마비된 사람들도 다시 한번 자신의 팔다리를 스스로 움직일 수 있게 될 테니까요.

★ 불가능을 가능하게, 리워크 외골격 슈트

지금으로부터 10년쯤 전에 클레어 로마스는 이런 말을 했어요.

"불가능한 것들을 곱씹는 대신, 가능한 것들에 집중하면서 나의 삶이 변하기 시작했습니다."

1980년에 태어난 로마스는 척추 지압사이자 유망한 기수로 활동하고 있었는데요. 2007년에 승마를 하다가 말이 나무와 충돌하는 바람에 그만 척추를 다치게 되었답니다. 그 후로 두 다리를 못 쓰게 되었지요.

로마스는 크나큰 절망 앞에서도 좌절하지 않고 꿋꿋이 일어났어요. 치료를 위해 원래부터 좋아하던 운동과 새롭게 필

요하게 된 재활 치료를 결합했어요. 익숙지 않은 휠체어를 최대로 활용할 수 있도록 체육관에서 매일매일 열심히 운동을 했습니다. 수영도 하고, 스키도 타고, 심지어 승마까지 하면서 복부의 힘을 길렀어요.

이렇게 재활 운동에 열중하면서 로마스는 새로운 장비와 척추 재활 치료법을 연구하는 단체를 후원하는 모금 행사 및 캠페인에 적극적으로 참여했어요.

그중에서 가장 유명한 캠페인이 2012년에 리워크™ 외골격 슈트를 착용하고 최초로 완주한 런던 마라톤 캠페인인데요. 이 캠페인에서 로마스는 외골격 슈트를 입고 목발을 짚은 채 걸어서 무려 42km를 완주했답니다. 그걸로 자그마치 20만 파운드(우리 돈으로 약 3억 8천만 원)가 넘는 돈을 모았어요.

마라톤 완주에는 총 17일이 걸렸습니다. 엄청난 인내심이 필요한 일이었지만, 리워크™ 외골격 슈트에 '절대 포기하지 않겠다'라는 강인한 의지를 더해서 끝까지 노력한 덕분에 이루어 낸 결과였지요.

2012년에 로마스는 자신의 정신력 회복 캠페인에서 "불가능한 것들을 곱씹는 대신, 가능한 것들에 집중하면서 나의 삶이 변하기 시작했다."라고 말했습니다.

도전을 기꺼이 받아들이는 마음가짐으로 생체 공학 기술을 적절히 활용한다면 새로운 삶을 너끈히 시작할 수 있다는 뜻을 담고 있지요. 그리고 중요한 것은 세계를 바라보는 관점이라는 말을 덧붙였답니다.

참, 가족이 얼마나 중요한지도 강조했습니다. 그간의 도전들은 홀로 감당한 것이 아니며, 남편과 두 아이가 든든하게 응원해 주어서 매우 큰 힘이 되었다고요.

다 함께 달리자, 패럴림픽

인공 보철물 기술의 눈부신 발전은 패럴림픽 경기에서 가장 생생히 볼 수 있어요. 패럴림픽은 전 세계 최고 기량의 신체 장애인 운동선수들이 한자리에 모이는 체육 대회인데요. 1960년부터 4년에 한 번씩 열리고 있지요.

신체 장애인 체육 대회는 훨씬 더 오래전인 1900년대부터 열렸다는 기록이 있지만, 제2차 세계 대전 이후에 부상을 입고 전역한 상이군인의 수가 폭발적으로 늘어나면서 운동을 건강 증진 수단이나 여가 생활로서가 아니라 재활 훈련으로 해야 하는 성인 장애인의 수가 급격히 늘어났어요.

그 무렵 영국 런던 서쪽에 있는 스토크 맨데빌 마을의 한

병원이 운동을 치료법의 하나로 활용하는 시도에 나섰습니다. 루드비히 구트만 박사가 병원 환자들이 참가해 서로 경쟁하는 휠체어 선수 체육 대회를 열었지요.

첫 대회는 1948년 올림픽 개막날에 맞추어 열렸어요. 4년 뒤 네덜란드의 전역 군인들이 합류하면서 이 대회는 국제 스토크 맨데빌 경기 대회로 불리기 시작했답니다.

1960년에 이르자 전 세계 23개국에서 400명이 넘는 선수가 출전해 8개 경기에서 기량을 겨루었어요. 대회 명칭 또한 패럴림픽으로 바뀌었고요. 여기서 '패러(Para)'는 그리스어로 '함께, 나란히'라는 뜻으로, 패럴림픽과 올림픽의 연관성을 보여 주고 있지요.

패럴림픽은 참가 선수의 숫자 면에서도, 열리는 종목 면에

멀리뛰기

특별 제작된 날 모양의 의족을 신은 멀리뛰기 선수들은 도움닫기에서 더 빨리 뛸 수 있어요. 점프를 해서 더 멀리까지 날 수도 있고요.

서도 매년 규모가 커지고 있어요. 2020 도쿄 패럴림픽에서는 총 4,403명의 선수가 새롭게 추가된 장애인 배드민턴과 장애인 태권도를 포함, 22개 종목에서 총 539개의 경기를 치렀답니다. 경기의 규모도 놀랍지만, 선수들의 활약은 그 이상으로 인상적이랍니다.

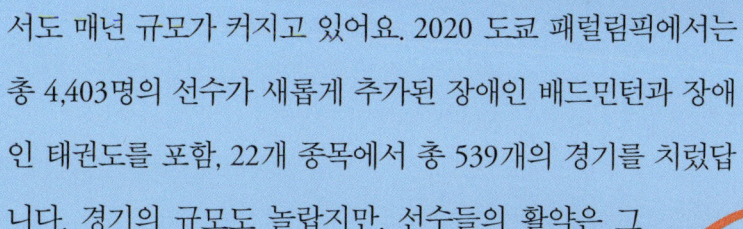

팔락 콜리

팔락 콜리는 패럴림픽 스포츠계의 떠오르는 스타예요. 2002년 왼쪽 팔 없이 태어났는데요. 도쿄 패럴림픽에 여성 배드민턴 부문 최연소 선수로 출전했어요. 그것도 여자 단식과 여자 복식, 그리고 혼합 복식 세 경기에나요.

18세의 나이에 이미 각종 배드민턴 대회에서 메달을 20개나 목에 걸었지요. 수많은 난관을 거쳐 왔으면서도 자신의 장애에 대해 늘 긍정적으로 말해요. 장애가 자신의 슈퍼 파워라고 하면서요.

쓰치다 와카코

쓰치다 와카코는 패럴림픽에서 완전히 베테랑 선수예요. 1974년에 태어났는데, 1992년의 교통사고로 양쪽 다리 모두 허벅지까지 잃었지요. 재활 훈련 과정으로 운동을 시작했는데요. 얼마 지나지 않아 다양한 종목에서 두각을 드러냈답니다. 일본 최초로 동·하계 패럴림픽에서 메달을 땄으며, 일본 하계 패럴림픽 선수단 최초의 여성 주장이기도 해요. 동계 패럴림픽에 네 번, 하계 패럴림픽에 세 번 출전했고, 빙상 썰매 경주 및 휠체어 경주에서 메달을 땄어요.

태권도

태권도는 두 종류로 나뉘어요. '겨루기(선수 간 대결)' 종목에는 사지 장애 선수들이, '품새(무술 동작)' 종목에는 지적 장애 등 다른 장애를 가진 선수들이 출전해요.

⭐ 실패할수록 더 강해진다, 리처드 화이트헤드

"사람은 실패할 때 자신에 관해 더 많이 배우고, 또 더 강해져서 돌아옵니다."

모든 스포츠는 영웅을 탄생시킵니다. 그런 영웅의 대표적인 사례로 대영 제국 훈장을 받은 리처드 화이트헤드 경을 들 수 있어요. 그는 1976년에 태어났는데요. 선천적으로 두 다리가 모두 무릎 위에서부터 없었어요.

훗날 골암으로 두 친구를 잃게 되면서, 골암 연구 후원 단체를 위해 기부금을 모으기로 마음먹게 되어요. 원래부터 운동 신경이 유난히 발달하기는 했지만, 그때까지만 해도 1마일(약 1.6km) 이상의 거리를 달려 본 적은 없었지요. 달리기용 의족

을 착용해 본 적도 없었고요.

마라톤을 13일 정도 앞두고 있을 때였어요. 정형외과 보조 기구 기업 오서가 이 사연을 전해 듣고 화이트헤드에게 맞춤형 의족을 제작해 주었답니다. 그 덕분에 화이트헤드는 2004년에 뉴욕 마라톤 대회에 출전해 완주에 성공했지요.

그 후 화이트헤드는 운동선수를 꿈꾸게 되었고, 첫 국제 대회라 할 수 있는 2006년 동계 패럴림픽에 출전을 했습니다. 결과는 생각보다 썩 만족스럽지 않았어요. 하지만 그는 좌절하지 않고 끊임없이 노력하는 모습을 보여 줌으로써 "패배는 늘 더 열심히 할 동기가 된다."라는 말을 몸소 증명했지요.

그 후 2012년 런던 패럴림픽의 T42(T42는 경기 종목과 장애 정도를 나타내는 등급. T는 육상 종목의 트랙 경기를, 42는 다리를 무릎 위에서 절단한 장애 등급을 나타낸다.―옮긴이) 200m 단거리 달리기 종목에서 세계 신기록을 세우며 금메달을 땄거든요.

2016년 브라질 리우데자네이루에서도 같은 종목의 금메달을 또 한 번 목에 거는 쾌거를 이루었답니다.

그때는 이미 마라톤에서 성공을 거둔 뒤였습니다. 화이트헤드는 2010년, 2시간 42분 52초의 기록으로 하지 결손 장애

부문 마라톤 세계 신기록을 세웠거든요. 그로부터 3년 뒤에는 구호 기금 마련을 위해 40일 동안 40회의 마라톤에 해당하는 거리를 달렸어요.

이 초자연적이라 할 수 있는 끈기와 투지를 보면, 놀랍게도 어린 시절 할머니가 그에게 붙여 준 별명 '라이온하트(용맹스러운 사람—옮긴이)'가 딱 맞지 뭐예요.

이렇게 해서 화이트헤드는 다음 세대 패럴림픽 선수들에게 할 수 있다는 희망을 심어 주었어요. 남을 돕겠다는 마음 하나로 역경에 맞서며 모든 일에 전력을 다하면 무엇이든 해낼 수 있다는 사실을 확실히 보여 주었지요.

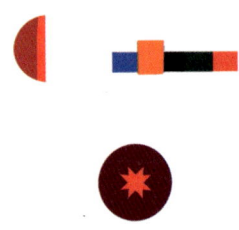

사이보그끼리의 대결, 사이배슬론

과학 기술이 발전함에 따라 패럴림픽 조직 위원들은 대회에 참가하는 선수들이 비전동형 인공 보철물만 쓸 수 있게 하는 규정을 만들었습니다. 그래야 과학 기술이 아닌 선수들의 신체 기량에 따라 경기 능력이 결정될 테니까요.

그렇지만 과학 기술이 나날이 흥미진진해지면서, 보철물을 착용하는 선수와 보철물을 만드는 공학자 모두 좀 더 발전된 모습을 세상에 선보이고 싶어 했어요. 그렇게 해서 새로운 체육 대회가 탄생했지요.

2016년에 스위스 취리히 연방 공과 대학교가 사이배슬론이라는 대회를 개최했거든요. 사람이 최첨단 생체 공학형 보철

전동 휠체어 경주

조종사가 휠체어를 타고 장애물 코스를 완주하는 경기예요. 코스 속 장애물들은 계단 걸어 올라가기와 걸어 내려가기 등 일상에서 접하는 어려운 동작들이에요.

뇌-컴퓨터 인터페이스(BCI) 경주

목 아래가 모두 마비된 조종사가 뇌-컴퓨터 인터페이스 기술을 활용해 컴퓨터 게임 속 캐릭터들을 조종하는 경기예요.

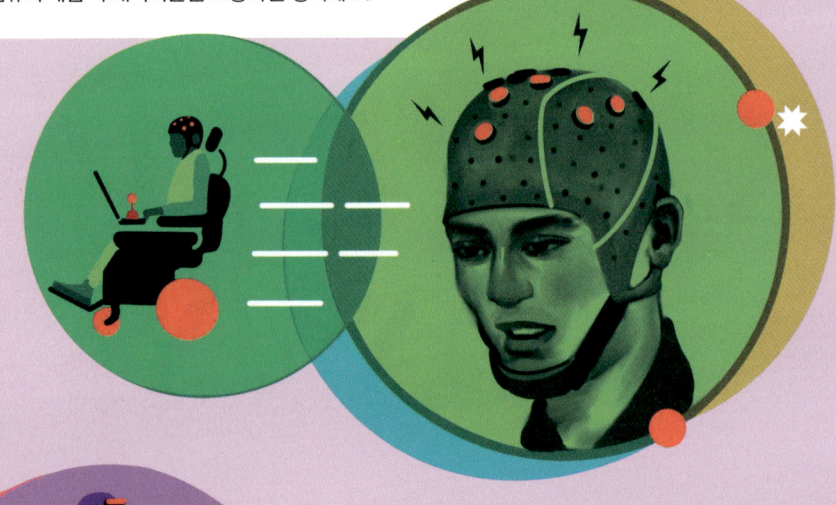

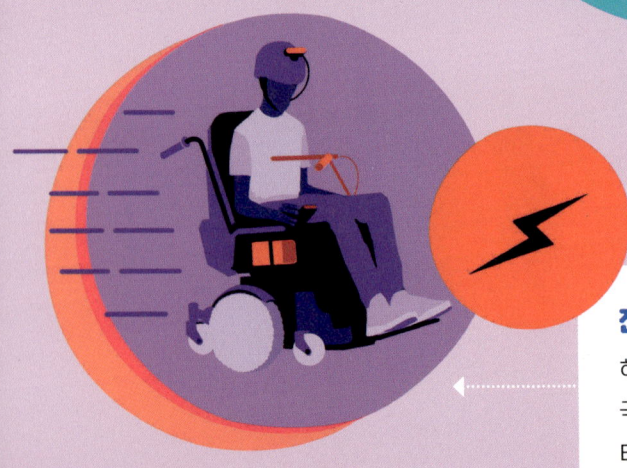

전기 자극(FES) 자전거 경주

허리 아래 하반신이 마비된 조종사가 자극을 보내서 다리를 수축시키며 자전거를 타는 경기예요.

전동 의족 경주

의족을 착용한 조종사가 하반신을 쓰는 일상 속 동작들을 최대한 빠르게 해내는 경기예요. 계단 올라가기나 내려오기, 의자에서 일어서기, 외다리 건너기 등을 해내야 해요.

전동 의수 경주

의수를 착용한 조종사가 신발 끈 묶기, 재킷 지퍼 올리기 등의 일상 동작을 최대한 빠르게 해내는 경기예요.

전동 외골격 슈트 경주

조종사가 외골격 슈트를 착용하고 장애물 코스를 도는 경기예요. 슈트의 성능이 시험대에 오르게 되는 셈이지요.

물 또는 보조 기구를 착용한 뒤 일상생활 속 동작들을 겨루는 최초의 국제 경기 대회예요.

조종사(첨단 보철물을 착용한 장애인 선수―옮긴이)와 기술 제공자(대학이나 기업―옮긴이)가 한 팀을 이루어서 현재 총 6가지 종목을 겨루고 있답니다.

사이배슬론의 목적은 두 가지예요. 조종사들에게 서로의 기량을 겨룰 수 있는 장을 제공하고, 대중들에게 새로운 기술을 알리고 활발히 의견을 나누게 하는 것이죠.

사이배슬론 역시 4년에 한 번씩, 올림픽 및 패럴림픽과 같은 시기에 개최하는 것을 목표로 하고 있어요.

지금으로서는 다른 대회에 비해 규모가 훨씬 작지만, 사이배슬론의 미래는 기대감을 품게 하지요. 기술이 발전하여 인류의 능력을 뛰어넘게 된다면 더욱더 그럴 거예요.

음, 사람들은 과연 100미터를 10초에 달리는 선수를 보러 갈까요, 아니면 5초에 달리는 선수를 보러 갈까요?

★ 비장애인 선수들과 겨루다, 블레이크 리퍼

"인생은 무엇을 상대하느냐가 10%, 어떻게 상대하느냐가 90%입니다."

탁월한 패럴림픽 선수인 미국의 블레이크 리퍼는 1989년에 태어날 때부터 이미 두 다리 모두 무릎 아래쪽이 없었습니다. 코치인 아버지 덕에 어린 시절부터 자연스럽게 운동과 친숙히 지내며 자랐어요.

그래서인지 어린 나이에 일찌감치 운동선수를 꿈꾸었지요. "다른 아이들처럼 달리거나 점프를 하지 못할 거다."라는 가슴 아픈 말을 수없이 들으면서도요.

다행히도 고된 훈련과 굳은 의지가 결실을 보아, 2009년에

미국의 육상 선수가 되었답니다. 그리고 2011년 이후, 경이롭게도 패럴림픽의 트랙 경기와 필드 종목 경기를 합해 총 8개의 메달을 땄지요. 2013년에는 4×100m 릴레이 경주에서 세계 신기록까지 세웠고요.

리퍼의 놀라운 성취는 두 다리가 없는 선수 중 최초로 2017년에 미국 육상 선수권 대회에서 비장애인 올림픽 선수들과 경쟁을 하기에까지 이르렀습니다.

그런데 안타깝게도 그 후 리퍼의 선수 생활이 논란에 휩싸이고 말았습니다. 2020년, 스포츠 중재 재판소가 달리기용 의족을 착용하면 리퍼의 키가 비장애인으로 태어났을 때의 추정 키보다 몇 센티미터 더 커지기 때문에 불공정한 혜택이 주어진다고 판결한 거예요.

사실 이 판결에는 논란의 여지가 남아 있어요. 최대 가능 키(MASH) 측정법으로 키를 추정했기 때문이에요. 리퍼의 법률팀 주장에 따르면, 이 측정법의 기준이 모든 인종을 포함하지는 못한다고 해요.

그래서 리퍼는 MASH 측정법이 아프리카계 미국인인 자신의 신체 비율을 추정할 수가 없는 데다, 편향된 표본 모집단의 과거 사진들을 토대로 했다고 주장하며 항소했어요.

리퍼의 항소는 기각되었지만, 그의 이야기는 이것으로 끝나지 않았답니다. 신체가 건강한 운동선수들의 육상 대회에서 다리가 없는 사람들한테 불공정한 혜택을 누린다고 이의를 제기한 것 자체가 이미 커다란 진보를 보여 주는 거라고 생각하는 사람들도 있거든요.

그렇다고는 해도 리퍼의 사례는 우리에게 아직은 풀어야 할 문제가 많다는 것을 일깨우고 있어요. 안타깝지만 아직 가야 할 길이 멀다는 얘기지요.

생체 공학 그 너머, 인간에 대한 고민

지금까지 생체 공학형 장치들은 무엇보다 모방하려는 신체 부위와 똑같아지려고 부단히 애를 써 왔습니다. 이미 나와 있는 인공 보철물들은 많은 사람의 삶을 바꾸었지만, 아직까지는 사람의 실제 장기나 신체 부위만큼 효율적이거나 안정적이지는 않아요. 그만큼 다양하게 기능하지는 못한다는 뜻이에요.

지난 세기가 시작된 이래 쏟아져 나온 성과를 보면, 생체 공학 기술이 앞으로 더 발전하리라는 것은 아주 분명한 사실이지요. 그래서 지금 공학자들은 팔과 다리, 눈을 어떻게 대체할 수 있을지 묻지 않아요.

그 대신 이렇게 묻지요.

"팔과 다리, 그리고 눈을 어

떻게 하면 좀 더 쓰임새 있게 개선할 수 있을까?"

 과학 기술은 앞으로 우리에게 덜 비싸고 더 견고하면서, 사람의 것과 훨씬 더 비슷한 새 선택지를 줄 거예요. 그렇지만 미래의 언젠가는 우리 스스로에게 과연 '좋은' 팔다리란 무엇인지 진지하게 묻는 때가 올지도 몰라요.

 물론 요즘에 사용하는 생체 공학형 팔은 사람의 진짜 팔과 비교하면 한없이 느린 데다 할 수 있는 일도 훨씬 적어요. 주기적으로 충전도 해 줘야 하고, 물에도 담그면 안 되지요.

 그렇지만 생체 공학형 손은 사람의 손이 잡지 못하는, 아주 차갑거나 아주 뜨거운 물체를 아무렇지 않게 쥘 수 있어요. 사람의 다리는 울퉁불퉁한 땅에서 넘어지지 않으려고 순간수간 멈춰 서거나 매우 조심스레 걷지만, 미래의 경주용 의족은 지금까지의 그 어떤 인류보다 더 빠른 속도로 거침없이 달릴 수 있을 거예요.

 뭐, 여기서 그칠 리가 없지요. 미래의 의족에는 바퀴나 엔진을 달 수도 있을 테니까요.

 과학 기술이 발달하면서 끊임없이 가능성의 한계에 도전될 때마다 언제나 제한 요인이 되는 것은 인간의 뇌예요. 우리는 어디에서 멈추어야 할까요? 과연 한계가 있을까요? 저마다의 용도에 따라 엄청나게 많은 인공 보철물이 쏟아져 나올 텐데요.

어쩌면 인공 보철물은 달리기를 하기 위해 갈아신는 운동화나 스쿠버 다이빙을 하기 위해 메는 산소통처럼 아주 흔해질지도 몰라요.

더 먼 미래에는 우리 신체를 전부 다 생체 공학형으로 바꾸는 일도 가능해질 거예요. 뇌의 뉴런을 광섬유 케이블로, 몸의 근육을 생물 근육보다 빠르게 움직이는 합성 섬유 케이블로 대체할 수도 있겠지요.

그때 우리 앞에 매우 어려운 질문이 하나 나타날 거예요.

"인간이란 무엇을 뜻할까요?"

아직까지 아무도 답하지 못한 질문이에요.

★ 이제는 우리 몸속으로, 이식형 전자 칩

지금까지 생체 공학의 혁신적 기술은 어떤 이유로든 다쳤거나 잃어버린 특정 신체의 기능을 대체하기 위해 설계되고 있어요. 그런데 언젠가부터 우리 몸에 뭔가를 '추가할' 수 없을지 묻기 시작했답니다. 특별히 어디가 아프거나 불편하지 않아도 말이지요.

이 아이디어는 이미 (우리 귓속의 에어팟이나 버즈, 손목의 스마트워치 등) 일상의 기술을 통해 실험 중인 단계지만, 그다음 단계는 말 그대로 어떤 장치가 단지 '필요'에 따라 우리 피부 안으로 들어갈 수도 있어요.

이식형 전자 칩은 피부 속에 삽입할 수 있는 쌀알만 한 전

자 회로판을 가리켜요. 1980년대부터 야생 동물을 추적하고 식별하는 데 쓰이고 있지만, 최근에는 사람들이 더 복잡한 일을 하기 위해 자신의 몸에 삽입하고 있어요.

가장 많이 쓰이는 이식형 칩은 다른 전자 기기와 무선으로 정보를 공유하는 무선 주파수 인식(RFID) 마이크로 칩입니다. 신용 카드를 태그해서 결제하는 서비스에 이미 널리 쓰이고 있지요.

RFID 칩을 몸에 삽입하면 물건 값을 결제하거나 출입문을 자유롭게 열 수 있어요. 칩에다 정보를 저장할 수도 있고요. 요즘 우리가 스마트폰으로 하는 일들과 똑같지요.

영국의 과학자 케빈 워릭은 1998년에 세계 최초로 이 마이크로 칩을 자기 몸에 이식했답니다. 몸속에 이런 종류의 기술을 초대하는 일은 단점이 전혀 없을 수가 없어요.

무엇보다 여느 수술을 할 때처럼 감염의 위험이 도사리고 있지요. 단순히 일반적인 감염 위험뿐 아니라 컴퓨터 바이러스에 감염될 가능성도 열려 있고요.

2009년에 영국 과학자 마크 가선은 자신의 손에 건물 출입용 RFID 마이크로 칩을 이식했어요. 그러고 나서 한 달 뒤,

가선과 그의 연구진은 칩에 일부러 컴퓨터 바이러스를 감염시켰답니다. 바이러스가 외부의 다른 시스템을 감염시킬 수 있다는 점을 증명하고, 그 위험성을 강조하기 위해서였지요.

그렇게 해서 가선은 컴퓨터 바이러스에 감염된 최초의 인류가 되었어요. 다행히 부작용을 겪지는 않았답니다. 이 일로 칩을 이식하는 사람이 앞으로 계속 더 나오리라고 예측해요.

지금은 비교적 간단한 일에 마이크로 칩을 쓰고 있지만, 이것이 무궁무진하게 활용되는 것은 사실 시간문제예요. 간단하게는 스포츠 분야의 약물 검출에 이용될 수 있어요.

만약 앞으로 더 많은 사람이 사용하게 된다면 신원을 확인하는 데도 아주 수월하지요. 그렇게 되면 범죄 해결에 매우 중요한 역할을 할 수도 있어요.

그렇지만 칩의 이식을 사생활 침해로 보는 사람도 많아요. 또 이 기술은 데이터 유출에 취약하답니다. 이 또한 그만큼 넘어야 할 산이 많다는 의미지요.

우리 모두 사이보그가 되는 시대

이식형 전자 칩이 인류와 기계가 진정으로 통합하는 여정의 시작이라면? 사이보그는 그 여정의 도착지에 있어요. 단어 자체가 '사이버네틱스(cybernetics, 살아 있는 유기체, 기계, 또는 조직 내에서의 소통과 제어에 관한 연구)'와 '오거니즘(organism, 유기체)'의 합성어로, 사이보그는 '서로 소통하는 유기 부분과 인공 부분을 모두 가진 살아 있는 것'이라는 뜻이에요.

과거에는 사이보그가 그저 공상 과학 장르에 나오는 미래 지향적 존재였다면, 오늘날의 기술은 사이보그가 더는 영화나 드라마, 소설 속 존재가 아니라는 것을 증명해 주었어요.

과학과 결합한 공학은 지금 아주 중대한 지점에 도착했어요. 공학자들은 이제 생물의 팔다리를 대체할 인공 팔다리를 만드는 능력을 넘어, 새로운 팔다리를 아예 온전히 만들 수 있는 능력을 갖추었거든요.

존재하지 않는 신체 기관을 만들어 인간에게 연결하는 것도 더 이상 공상 속의 이야기가 아니에요. 인류가 기계와 완전히 통합하는 시대가 올 거예요. 즉, 우리가 사이보그가 되는 시대지요.

MIT 휴 허 교수가 그리는 슈퍼 휴먼

휴 허 교수는 MIT 리사 양 생체 공학 연구소의 공동 소장이에요. '생체 공학 시대의 리더'라 불리며 일생을 기술과 인간이 성공적으로 결합하는 데 바쳤지요. 현재 세계에서 가장 발전된 형태의 생체 공학형 팔다리를 만들고 있어요.

이 연구소에서 만들어지는 생체 공학형 장치들은 착용자의 생체에 직접 연결하도록 설계되고 있는데요. 이 장치는 착용자의 신체에 남아 있는 근육과 신경을 뇌가 조율할 수 있게 하시요. 착용자가 기기를 자신의 팔다리처럼 '느낄' 수 있도록 하기 위해서랍니다.

놀랍게도 이것으로 다가 아니에요. 연구진은 현재 존재하

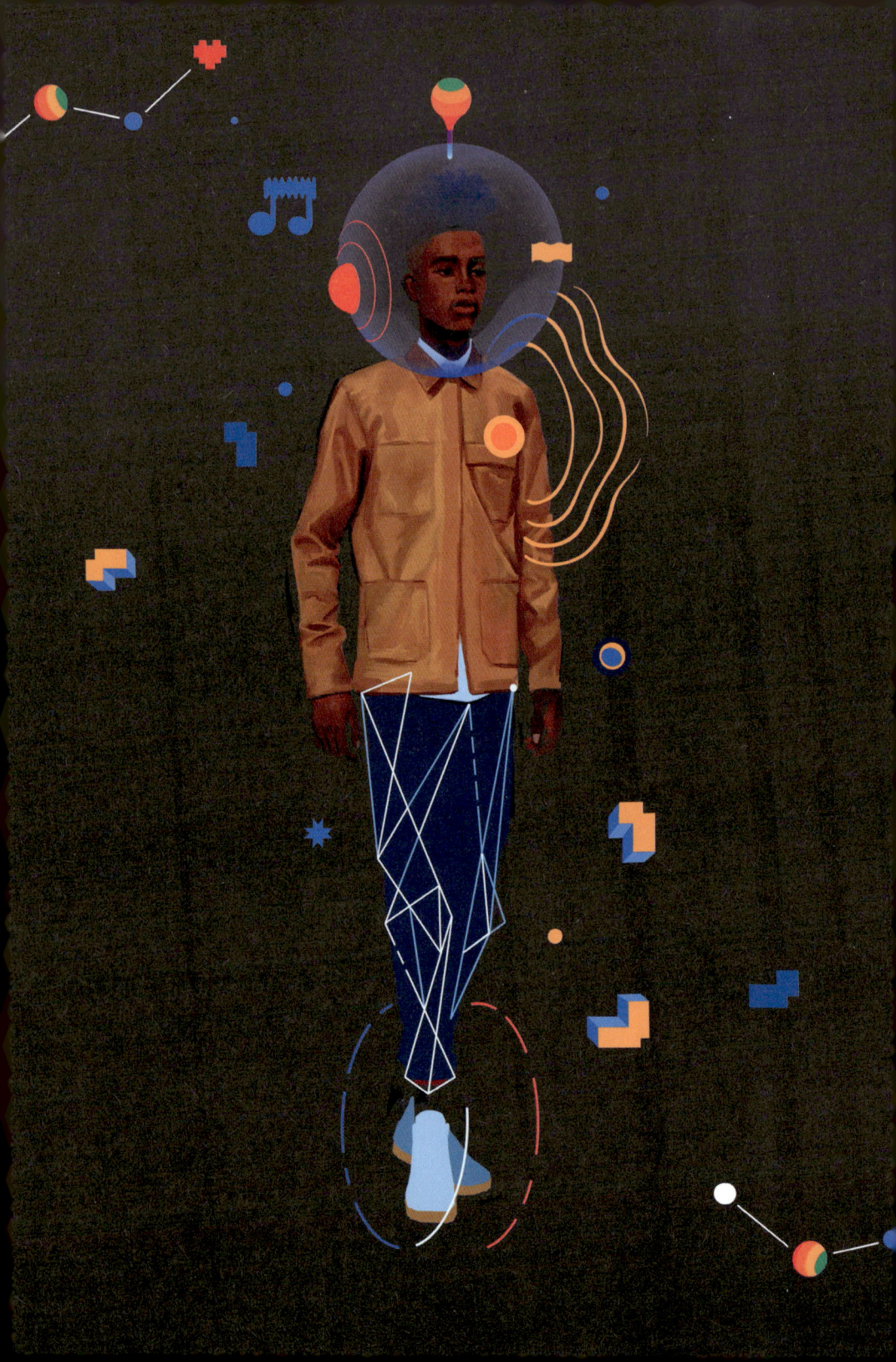

지 않는 팔다리도 개발 중이거든요. 추가적인 팔, 새로운 외골격, 더 나아가 날개까지요. 인류가 스스로 기기를 더해서 '슈퍼 휴먼'이 되는 일이 머지않아 가능할지도 몰라요.

이 기술은 아직 초기 단계지만, 휴 허 교수는 과거에 사람이 불가능하다고 생각했던 일들을 해내는 날이 반드시 오리라고 생각해요.

어쩌면 미래의 사람들은 우리가 알아볼 수 없을 만큼 완전히 다른 외형이나 능력을 지닐지도 모르지요. 현재의 우리가 받아들이는 한계나 지능, 정체성을 나타내는 방식을 완전히 뒤집을 수도 있으니까요.

그렇게 우리 모두 미래로 한 걸음 성큼 들어서는 거예요.

닐 하비슨의 사이보그 아트

"사이보그에게 가장 큰 도전은 사회에 받아들여지는 일입니다."

닐 하비슨은 1984년에 태어날 때부터 색맹이었습니다. 검은색과 흰색, 그리고 짙고 옅은 회색들만 보였지요. 그 바람에 자신을 둘러싼 환경을 독특한 관점에서 바라보게 되었답니다. 특히 어린 시절부터 음악과 예술에 마음이 끌렸습니다.

2004년, 하비슨은 두개골 뒤편 뒷머리뼈에 의안 역할을 할 안테나를 이식했어요. 한쪽 끝에는 카메라가, 다른 쪽 끝에는 소리 진동 이식 장치가 달린 안테나였지요.

안테나의 카메라가 주변 전자기파 복사의 변화를 감지해서

이식 장치를 진동하게 하는데요. 그로써 놀랍게도 하비슨에게 서로 다른 색깔이 '들리'게 된 거예요.

이 기술은 하비슨의 삶에 하나하나 영향을 끼쳐요. 어떤 옷을 입을지 고르는 것에서부터 어떤 음식을 먹을지 선택하는 것까지 모두 다 말이지요.

카메라가 감지하는 것은 그냥 색깔이 아니라 전자기파 복사이기 때문에, 하비슨은 적외선 및 자외선 주파수를 활용해 다른 사람의 눈에는 보이지 않는 색깔들까지 경험할 수 있어요. 추가로 얻은 이 눈 덕에 자신의 경험을 반영한 예술도 창조할 수 있고요.

스스로 '사이보그 아트'라고 부르는 이 작품들을 만드는 과정을 두고, 하비슨은 조각상을 빚는 것과 비슷하다고 설명합니다. 다만 자신이 자각한 흥미롭고 아름다운 현실을 창조하기 위해 생각을 빚어낸다는 점만 다를 뿐이라고요.

하비슨은 거기에서 그치지 않고 앞으로 한발 더 나아갔어요. 사이보그 재단을 공동으로 설립한 문 리바스와 치아를 두 개씩 교체했답니다. 치아 하나에는 블루투스 연결 버튼을, 다른 하나에는 진동기를 심었지요.

한 사람이 버튼을 누르면 상대의 치아 진동기가 떨리는 방식으로, 두 사람은 모스 부호를 이용해 의사소통을 할 수 있어요.

닐 하비슨의 사례는 사이보그가 지닌 잠재력의 아주 일부일 뿐이에요. 기술이 발전함에 따라 우리가 기술을 몸에 통합하는 방식 또한 빠르게 발전할 거예요. 사실 이 통합이 가져올 가능성은 상상 그 이상으로 무궁무진해요.

인간보다 빠르고 강하고 똑똑한 휴먼 2.0이 나타난다면?

생체 공학적 업그레이드가 필요한 것이 지금처럼 흥미진진한 시대는 일찍이 없었어요. 눈이나 귀, 팔다리, 아니 몸 전체를 업그레이드해야 한다고 해도, 오늘날에는 삶을 진정으로 바꿀 선택지가 여럿 존재해요.

그런데 과학이 더욱 빠르고 더욱 멀리까지 발전하면 할수록, 우리가 똑바로 마주해야만 하는 중요한 질문이 있지요.

"우리는 어디까지 갈 생각일까요?"

생체 공학은 질병이나 사고로 신체의 기능을 잃은 사람들에게 원래 가지고 있었던 것을 되찾을 기회를 주어요. 그런 경우, 생체 공학은 확실하게 강력한 힘이 될 수 있지요.

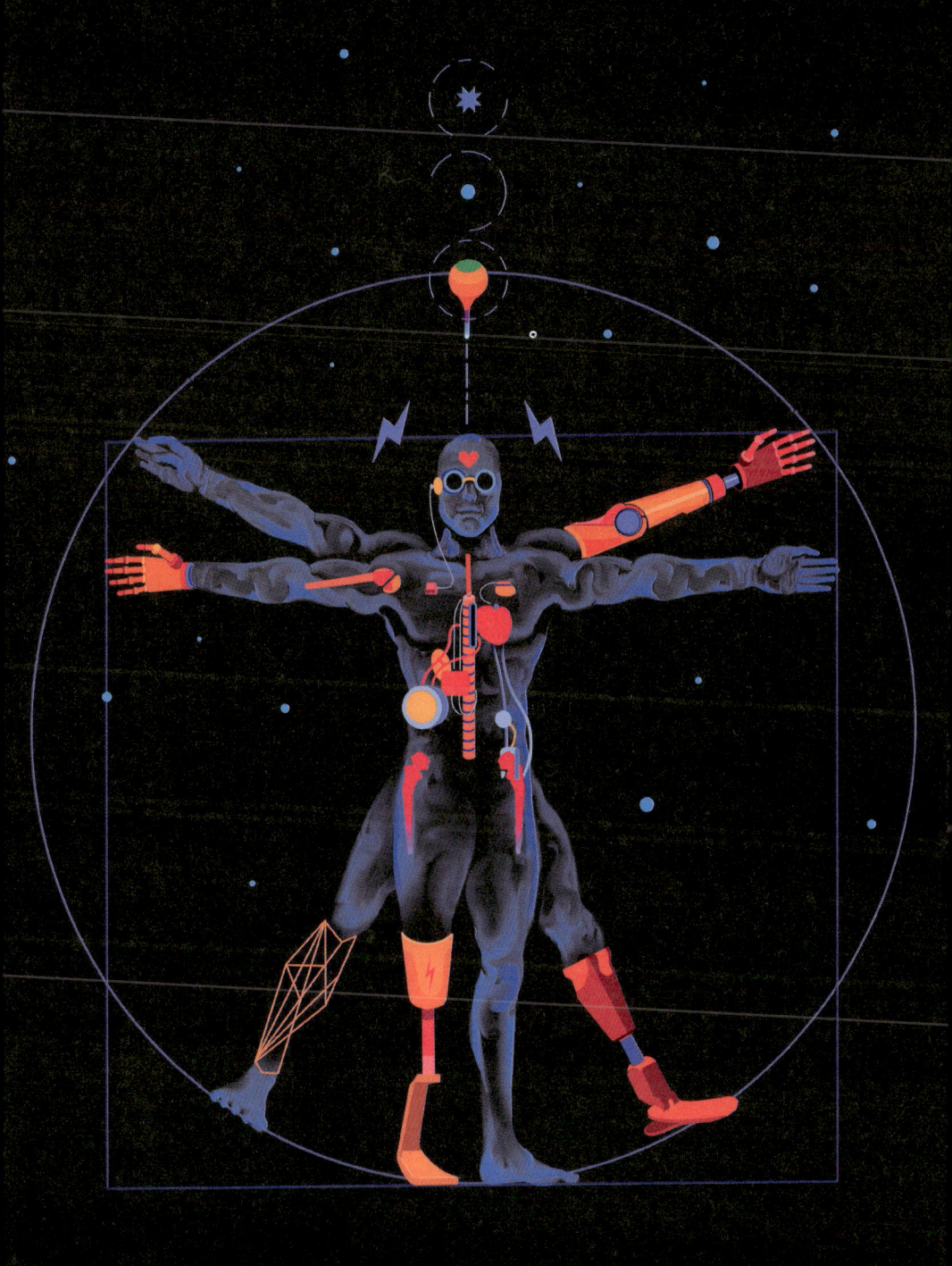

사실 최첨단 기술은 필요한 사람이라면 누구에게나 제공되어야 마땅해요. 그런데 공학자들이 사람의 것보다 뛰어난 인공의 팔다리와 장기들을 만들 수 있게 되면서, 장애가 없는 사람들이 원래 자신이 가진 신체보다 탁월한 기능을 지닌 생체 공학형 신체를 선택하고 싶어 할지도 몰라요.

사람들은 그걸 우리 진화 과정의 '공포점'이라고 불러요.

우리가 '슈퍼 휴먼'을 창조하기 시작할 때 인류에게 어떤 일이 생길까요? 인간보다 빠르고, 강하며, 똑똑한 존재가 나타나기 시작한다면요? 기술이 인간의 몸을 능가하는 일을 피할 수 없을까요?

이 문제의 또 다른 면을 보려면, 우리는 그보다 더 미래로 눈을 돌려야 해요. 인간은 처음부터 탐험가이자 공상가였어요. 지구에 모습을 드러낸 뒤로 늘 밤하늘의 별들을 바라보며 저 너머에는 무엇이 있을까를 상상하곤 했지요.

우리 인간은 그동안 놀라운 기술들을 발전시켜 왔고, 지금도 매일매일 진보하고 있어요. 그러다 보면 언젠가는 우주 너머로 여행을 하는 것뿐 아니라, 예전에 우리 선조들이 상상만 하던 질문들에 마침내 대답을 할 수 있을지도 몰라요.

이 모든 것을 현실로 만들기 위해서 우리는 지금까지 해 왔듯이 계속해서 시도하고 연구해야 합니다. 무엇이 우리를 인간으로 만드는지 절대로 잊지 않으면서요. 휴먼 2.0으로서, 우리는 계속해서 함께 진화해야 해요.

> 상상이 지식보다 중요합니다. 지식에는 한계가 있기 때문이지요. 반면에 상상은 온 세상을 껴안으며 진전하도록 자극하고, 그렇게 발전을 낳습니다.
>
> _알베르트 아인슈타인(1931년)

기원전 2900년
최초의 의안이 쓰여요. 훗날 이란에서 발견되지요.

기원전 300년
카푸아 의족은 최초의 의족 유물이에요.

서기 77년
인공 보철물이 최초로 기록에 언급되어요.

1900년대
합성 원료들이 출시되어 실제 눈과 더 비슷하고 편안한 의안의 재료로 쓰여요.

1846년
벤저민 파머가 사람의 관절을 본떠 고안한 의족으로 특허를 받아요.

1818년
페터 바일리프가 최초로 신체의 힘을 이용해서 움직이는 의수를 만들어요.

1948년
근전기로 움직이는 최초의 의수 시제품이 시험을 거쳐요.

1950년대
잭 E. 스틸이 '바이오닉(bionic)'이라는 합성어를 만들어요.

1958년
아르네 라르손이 세계 최초로 심박동기를 성공적으로 이식받아요.

2006년
아구스 II 인공 눈 시스템이 출시되어요.

2004년
닐 하비슨이 인류 최초로 사이보그인 사람으로 인정받아요.

2000년대
오서가 프로프리오 풋®과 레오 니®를 상업 의족 시장에 출시해요.

2008년
아이림®이 출시되어요.

2009년
영국에서 키스 헤이만이 최초로 생체 공학형 의안을 성공적으로 이식받아요.

2009년
마크 가선이 인류 최초로 컴퓨터 바이러스에 감염되어요.

2021년
매사추세츠 공과 대학교에 리사 양 생체 공학 연구소가 설립되어요.

2021년
뉴럴링크가 뇌 임플란트 기술로 오락 게임을 하는 원숭이 동영상을 공개해요.

2020년
패럴림픽 선수 블레이크 리퍼가 의족 기준에 깔려 있는 편견에 도전해요.

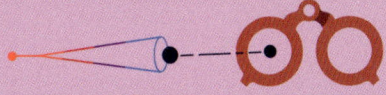

1010년대

알하산 이븐 알하이삼이 상을 확대하기 위해 굴곡이 있는 렌즈를 사용했다는 기록이 있어요.

1200년대

이탈리아 사람들이 최초의 안경을 만들어요.

1780년대

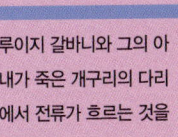

루이지 갈바니와 그의 아내가 죽은 개구리의 다리에서 전류가 흐르는 것을 관찰해요.

1564년

앙브로아즈 파레의 책 《외과학》 10권이 출간되어요. 여기에 의수 설계도가 실려 있어요.

1504년경

괴츠 백작이 전투에서 한 손을 잃고 철제 손을 착용해요.

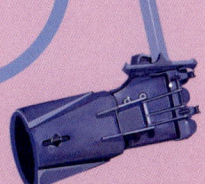

1960년

제9회 국제 스토크 맨데빌 경기 대회가 열려요. 이 경기를 최초의 패럴림픽으로 보고 있어요.

1971년

최초의 전동형 외골격 슈트가 완성되지만, 실제로 사람에게 이용되지는 않아요.

1972년

마틴 카이딘의 소설 《사이보그》가 처음 출간되어요.

1998년

케빈 워릭이 RFID 칩을 팔에 이식해요.

1998년

에든버러 모듈러 암 시스템이 최초로 만들어져요.

1980년대

이식형 마이크로 칩이 처음으로 쓰여요.

2010년

리처드 화이트헤드가 하지 결손 장애 선수로 마라톤에 출전해 세계 신기록을 세워요.

2012년

엔크로마® 안경이 출시되어요.

2012년

리처드 화이트헤드가 런던 패럴림픽 대회에서 T42 200m 단거리에서 세계 신기록을 세우며 금메달을 따요.

2016년

스위스 취리히 연방 공과 대학교가 첫 사이배슬론 대회를 개최해요.

2014년

매사추세츠 공과 대학교에서 최초로 인간의 보행 능력을 향상시키는 외골격 슈트를 개발해요.

2012년

클레어 로마스가 최초로 리워크 외골격 슈트를 착용하고 런던 마라톤에서 완주해요.

휴먼 2.0
인류를 위한 최고의 혁명, 생체 공학

첫판 1쇄 펴낸날 2025년 12월 8일

지은이 패트릭 케인 **옮긴이** 김선영
그린이 새뮤얼 로드리게스 **감수** 정재승
펴낸이 박창희
편집 박은아 **디자인** 배한재
마케팅 박진호 한혜원 **경영지원** 전윤정
인쇄 (주)소문사

펴낸곳 (주)라임
출판등록 2013년 8월 8일 제2013-000091호
주소 경기도 파주시 심학산로 10, 우편번호 10881
전화 031) 955-9020(주문), 031) 955-9021(편집)
팩스 031) 955-9022
이메일 lime@limebook.co.kr **인스타그램** @lime_pub
홈페이지 www.prunsoop.co.kr **제조국** 대한민국

ⓒ라임, 2025
ISBN 979-11-94028-65-9 (74500)
   979-11-85871-25-7 (세트)

* 잘못된 책은 구입하신 서점에서 바꾸어 드립니다.
* KC 마크는 이 제품이 공통안전기준에 적합하였음을 의미합니다.
* 던지거나 떨어뜨려 다치지 않도록 주의하세요.